JESSICA ROUX

FLORIOGRAFIA

FLORIOGRAPHY: AN ILLUSTRATED GUIDE
TO THE VICTORIAN LANGUAGE OF FLOWERS
Copyright © Jessica Roux, 2020
Todos os direitos reservados.

Ilustrações de capa e miolo © Jessica Roux

Tradução para a língua portuguesa
© Aline Zouvi, 2024

Diretor Editorial
Christiano Menezes

Diretor Comercial
Chico de Assis

Diretor de Novos Negócios
Marcus Souto Maior

Diretora de Estratégia Editorial
Raquel Moritz

Gerente de Marca
Arthur Moraes

Gerente Editorial
Marcia Heloisa

Editora
Nilsen Silva

Adap. de Capa e Miolo
Retina 78

Coordenador de Diagramação
Sergio Chaves

Preparação
Lúcia Maier

Revisão
Fernanda Marão
Victoria Amorim
Retina Conteúdo

Finalização
Sandro Tagliamento

Marketing Estratégico
Ag. Mandíbula

Impressão e Acabamento
Braspor

DADOS INTERNACIONAIS DE CATALOGAÇÃO NA PUBLICAÇÃO (CIP)
Jéssica de Oliveira Molinari CRB-8/9852

Roux, Jessica
   Floriografia : a linguagem secreta das flores / Jessica Roux;
tradução de Aline Zouvi. — Rio de Janeiro : DarkSide Books, 2024.
224 p. : il., color.

ISBN: 978-65-5598-381-4
Título original: Floriography: An Illustrated Guide To The
Victorian Language Of Flowers.

1. Flores – História. 2. Linguagem das flores.
I. Título. II. Zouvi, Aline.

24-1355   CDD 398.368

Índices para catálogo sistemático:
   1. Flores – História

[2024, 2025]
Todos os direitos desta edição reservados à
DarkSide® *Entretenimento LTDA.*
Rua General Roca, 935/504 — Tijuca
20521-071 — Rio de Janeiro — RJ — Brasil
www.darksidebooks.com

Jessica Roux

FLORIOGRAFIA

A Linguagem Secreta das Flores

tradução Aline Zouvi

DARKSIDE

SUMÁRIO

INTRODUÇÃO .9
FLORES .11
BUQUÊS .195
GUIA RÁPIDO DE
SIGNIFICADOS .216

Para minha irmã, Liana, cujo nome é derivado de um tipo de videira. Você me ensinou a sonhar alto e sempre esteve por perto para me segurar se eu caísse.

INTRODUÇÃO

Crisântemos para as condolências, arruda para o arrependimento, alecrim para mandar lembranças.

A linguagem vitoriana das flores — também conhecida como floriografia — surgiu como um método secreto de comunicação em uma época em que a boa etiqueta desencorajava demonstrações evidentes de emoções. Tendo aparecido pela primeira vez em 1819, com a publicação de *Le Langage des Fleurs*, de Charlotte de la Tour, essa "linguagem" codificada foi amplamente usada ao longo do século XIX, tanto na Inglaterra quanto nos Estados Unidos, e hoje é associada à tradição e à cultura vitorianas. Os significados das flores foram extraídos da literatura, da mitologia, da religião, das lendas medievais e até de seus formatos. De modo geral, os floricultores inventavam simbolismos para as novas aquisições de seus inventários e, muitas vezes, as flores adquiriam significados diferentes dependendo do lugar e da época. Na era vitoriana, as moças da alta sociedade adotaram a prática, enviando buquês como demonstração de carinho ou alerta, usando flores nos cabelos ou nos vestidos, e celebrando tudo que era floral. Muitas delas criavam pequenos arranjos, chamados de *tussie-mussies* ou *nosegays*, que combinavam algumas flores em um pequeno buquê. Usadas nas vestimentas ou como acessórios, essas mensagens codificadas de afeto, desejo ou tristeza permitiam aos vitorianos expressar seus sentimentos de forma enigmática e fascinante.

Com o fim da era vitoriana e o início da Primeira Guerra Mundial, a linguagem das flores começou a perder popularidade. No entanto, alguns vestígios da tradição permanecem. Ainda nos valemos de rosas para expressar amor em cerimônias de casamento ou no Dia dos Namorados, lírios para simbolizar a paz, e crisântemos para externar condolências. A elegância e a beleza das flores não murcharam; o que mirrou foi o nosso conhecimento de seus significados. Espero que além de oferecer uma visão da história da floriografia, este livro encoraje os leitores a olhar para as flores e plantas de uma nova maneira, atribuindo, talvez, seus próprios significados àquelas que mais os inspiram.

FLORIOGRAFIA

AÇAFRÃO
Crocus

Significados:
Contentamento

Alegria juvenil

Origem:
O açafrão é uma das primeiras plantas a florescer na geada e na neve; suas pétalas vibrantes e seus filamentos amarelos como o sol despontam para receber a primavera. Flor perene que desabrocha todos os anos, o açafrão também é associado à alegria juvenil.

Combina com...
Margarida, para celebrar o começo de um novo ano escolar.

Botão-de-ouro, para presentear um amigo jovem e encantador.

FLORIOGRAFIA

ACÔNITO
Aconitum

Significado:
Cavalaria

Origem:
O acônito é relacionado à cavalaria graças à forma de suas pétalas roxas, pois elas se parecem com o capacete de um cavaleiro medieval.

Combina com...
Madressilva, para mostrar a um amigo que você faria qualquer coisa por ele.

Corniso ou visco, para incentivar um ente querido em um momento de dificuldade.

Prímula, para indicar que você admira a coragem de alguém.

Floriografia

Alecrim
Salvia rosmarinus

Significados:
Lembrança
Sabedoria

Origem:
O alecrim é associado à memória desde a Grécia Antiga; os eruditos gregos usavam coroas de alecrim durante as provas escolares para ajudá-los a se lembrar do que haviam estudado. Esse simbolismo foi cimentado com a ajuda de Shakespeare. Em *Hamlet*, em sua famosa "fala das flores", Ofélia menciona a perfumada erva: "Há o alecrim que usamos para a memória, por isso ore, amor".

Combina com...
Açafrão, para relembrar o passado.

Clematite, para dizer que você confia no sucesso acadêmico de alguém.

Floriografia

Amarílis
Hippeastrum

Significado:
Orgulho

Origem:
Os vitorianos associavam a amarílis ao orgulho, em virtude dos caules compridos e vigorosos coroados por flores vibrantes que se sobrepunham às demais flores. Com caules geralmente desprovidos de folhas, a amarílis também é conhecida por suportar períodos de seca. É uma planta resistente, que não perece em condições adversas.

Combina com...
Hortênsia, para indicar soberba.

Clematite, para mostrar ao destinatário que ele deveria se orgulhar da própria inteligência.

FLORIOGRAFIA

AMOR-PERFEITO

Viola tricolor var. hortensis

Significado:
Você está sempre nos meus pensamentos

Origem:
Em inglês, o nome do amor-perfeito é *pansy*, em referência à palavra francesa *pensée*, que significa "pensamento". Em *Hamlet*, de Shakespeare, enquanto distribuía flores após a morte de seu pai, Ofélia observa: "E há também os amores-perfeitos, esses para clarear pensamentos".

Combina com...
Crisântemo, para encorajar um ente querido que está passando por um momento difícil.

Miosótis, para presentear um amigo cuja bondade e generosidade você nunca vai esquecer.

FLORIOGRAFIA

ANÊMONA
Anemone

Significado:
Amor perdido

Origem:
A relação entre a anêmona e o amor perdido remonta à mitologia grega. Diz-se que a flor nasceu das lágrimas de Afrodite quando ela perdeu seu amado Adônis, morto pelos deuses enciumados por causa de seu relacionamento com a deusa do amor.

Combina com...
Camélia, para demonstrar saudade do que poderia ter sido.

Milefólio, para ajudar a curar um coração partido.

Floriografia

Aquilégia
Aquilegia

Significado:
Tolice

Origem:
O nome da aquilégia em inglês é *columbine*, uma referência à Colombina, personagem da *commedia dell'arte* italiana pré-moderna. Amante de Arlequim, também chamado de bufão, Colombina era conhecida por sua natureza espalhafatosa e fofoqueira. A relação entre a aquilégia e a tolice pode decorrer do amor de Colombina pelo tolo e de sua própria disposição de fazer a si ou aos outros de tolos. O formato incomum da flor da aquilégia também se parece com um chapéu de bobo da corte.

Combina com...
Asfódelo, para pedir perdão por um erro imprudente.

Protea, para mostrar que você está se esforçando para fazer uma grande mudança e corrigir erros do passado.

Arruda
Ruta

Significado:
Arrependimento

Origem:
Os vitorianos usavam a amarga *Ruta graveolens* para expressar arrependimento. Na maioria das vezes, a arruda era enviada não para expressar arrependimento por parte do remetente, mas como um aviso ou ameaça, como se dissesse: "Você vai se arrepender do que fez".

Combina com...
Jacinto, para pedir perdão a alguém.

Salgueiro e crisântemo, para presentear um amigo que está passando por uma perda.

FLORIOGRAFIA

ASFÓDELO
Asphodelus

Significado:
Meu pesar irá com você até o túmulo

Origem:
Na mitologia grega, os asfódelos cresciam no submundo e eram consumidos pelos mortos. A *Odisseia* de Homero deu origem à ideia do asfódelo ser uma flor do pesar, referindo-se ao Campo de Asfódelos como uma região do mundo inferior onde não habitavam almas boas nem más, à semelhança de um purgatório fantasmagórico.

Combina com...
Cipreste ou calêndula, para indicar luto e desespero.

Alecrim, para expressar lembrança eterna.

FLORIOGRAFIA

ÁSTER
Symphyotrichum

Significado:
Delicadeza

Origem:
A associação entre a áster e a delicadeza provavelmente se deve à sua aparência. As numerosas pétalas, longas e esguias, envolvem com graciosidade o miolo amarelo vibrante: uma pequena obra-prima em um campo de flores.

Combina com...
Margarida, para presentear uma jovem.

Botão-de-ouro, para elogiar a conduta encantadora de alguém.

Floriografia

Atanásia
Tanacetum vulgare

Significado:
Hostilidade

Origem:
Os usos medicinais populares da atanásia podem ter dado origem ao seu significado. Na Idade Média, a planta era usada em altas doses para induzir o aborto e para tratar vermes intestinais. Como a planta deixava as pessoas doentes, enviar um buquê de flores de atanásia na época vitoriana era uma maneira de declarar que a pessoa que as recebeu deixou nauseado quem enviou o presente.

Combina com...
Anêmona, para ofertar a um amante rejeitado.

Boca-de-leão, para indicar que alguém está dificultando sua vida.

FLORIOGRAFIA

AZALEIA
Rhododendron

Significados:
Fragilidade

Moderação

Origem:
A azaleia é uma planta frágil e difícil de cultivar. Suas flores, lindas e delicadas, duram pouco, logo se desprendendo dos galhos e caindo na terra. Além disso, suas raízes superficiais não toleram o excesso de água, daí estar associada à moderação.

Combina com...
Hortelã ou fura-neve, para consolar um estado mental delicado.

Urze, para mostrar ao agraciado que ele receberá cuidados quando precisar.

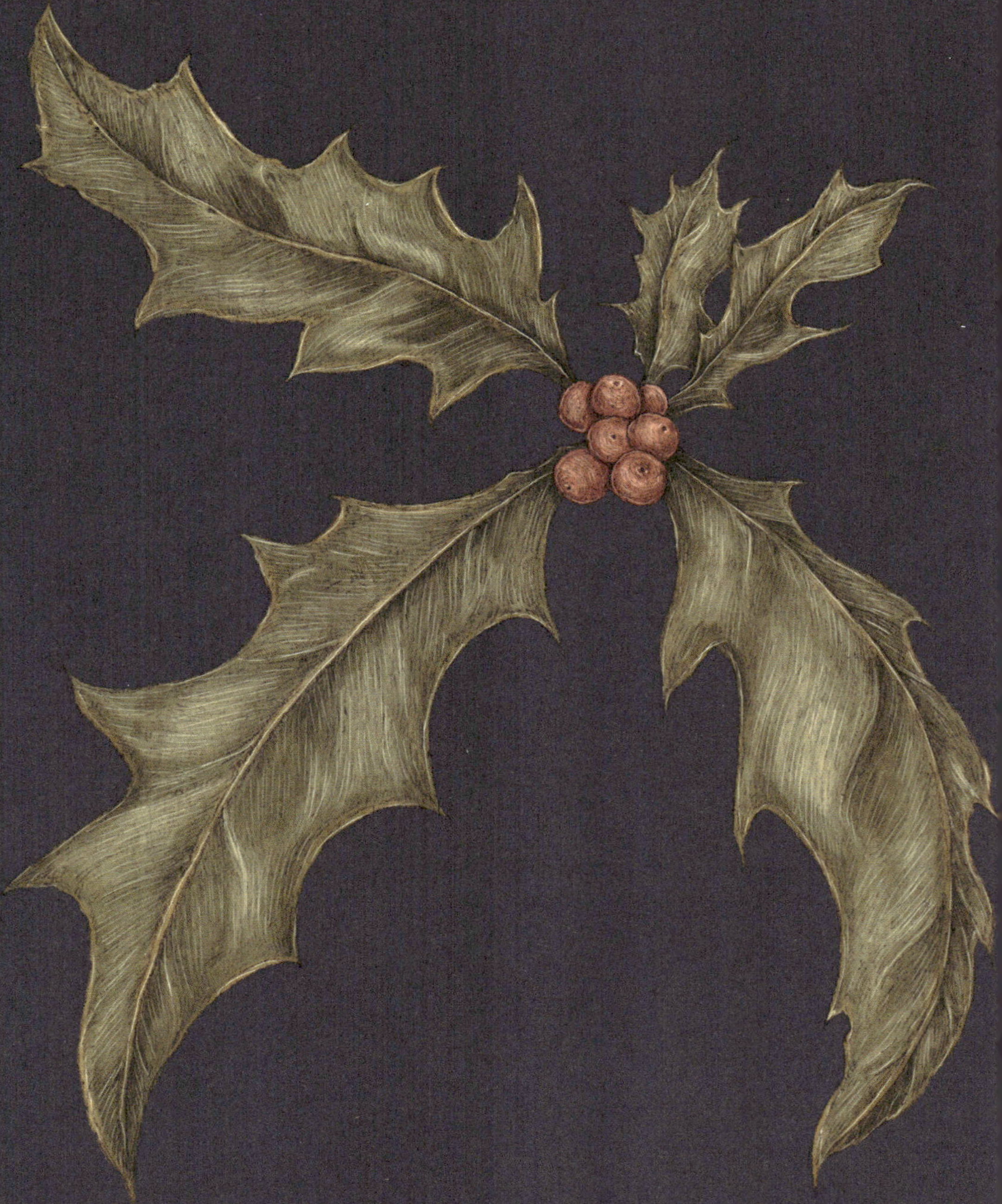

FLORIOGRAFIA

AZEVINHO
Ilex

Significado:
Clarividência

Origem:
Em várias tradições pagãs europeias, os galhos de azevinho eram pendurados nas casas para proporcionar proteção contra a má sorte. Mais tarde, esse costume foi adotado nas festas de Natal pelos vitorianos, que amavam superstições. O azevinho era muito presente também em jogos de adivinhação; no País de Gales, dizia-se que se uma garota desse sete voltas em uma árvore de azevinho em uma direção, e depois sete voltas na direção contrária, seu futuro marido se revelaria para ela.

Combina com...
Eucalipto, para expressar o cuidado com um amigo.

Lírio-do-vale, para mostrar que dias melhores virão.

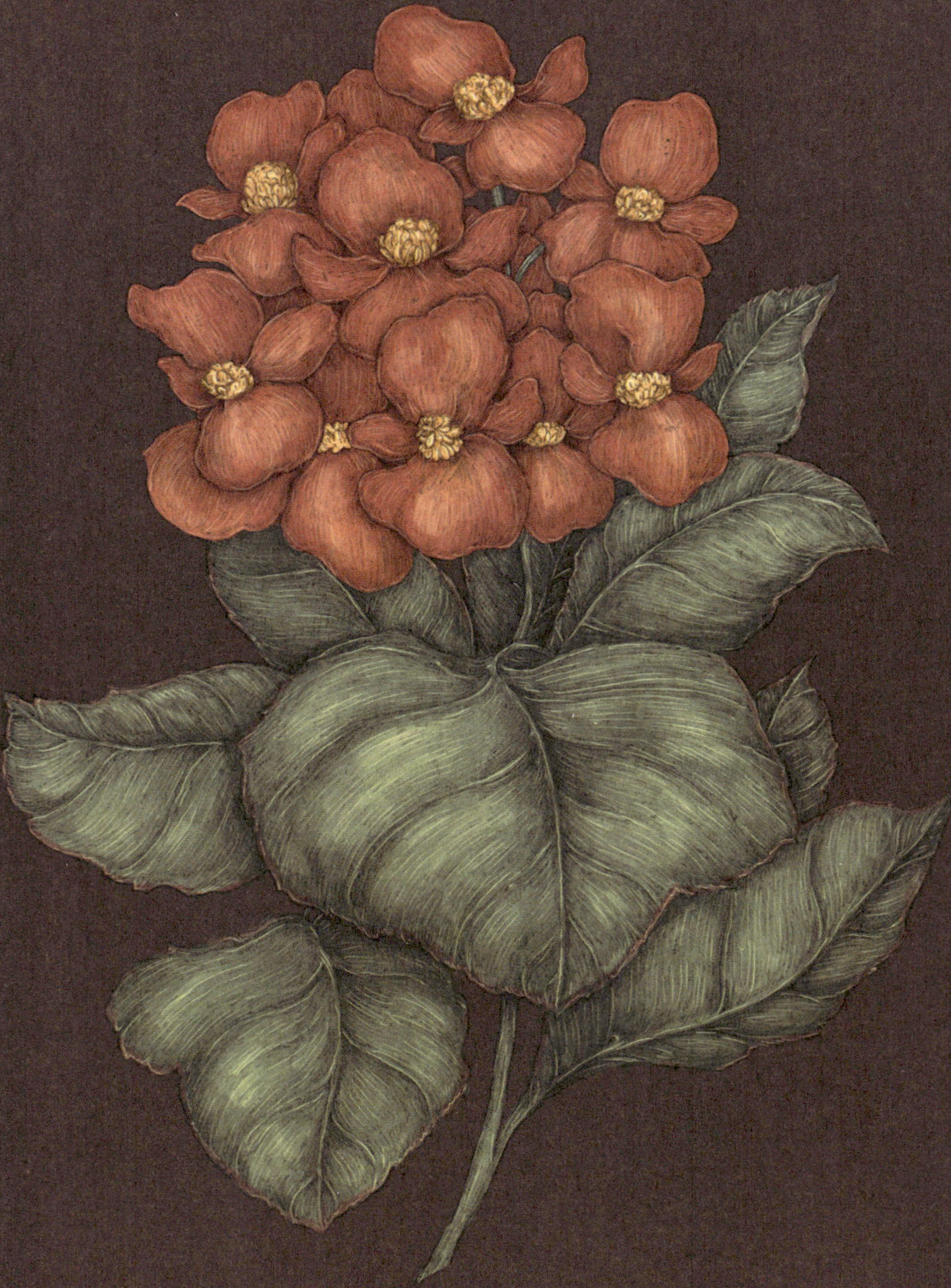

FLORIOGRAFIA

BEGÔNIA
Begonia

Significados:
Retribuição de um favor

Um alerta

Origem:
Para retribuir um favor, Charles Plumier, botânico francês do século XVII, nomeou a begônia em homenagem a Michel Bégon, um político e colecionador de plantas francês. O nome da flor, que contém a expressão *be gone* ("vá embora"), pode explicar seu uso como um símbolo de alerta.

Combina com...
Ervilha-de-cheiro, para presentear o anfitrião de uma festa.

Oleandro, para expressar cautela diante de novos planos.

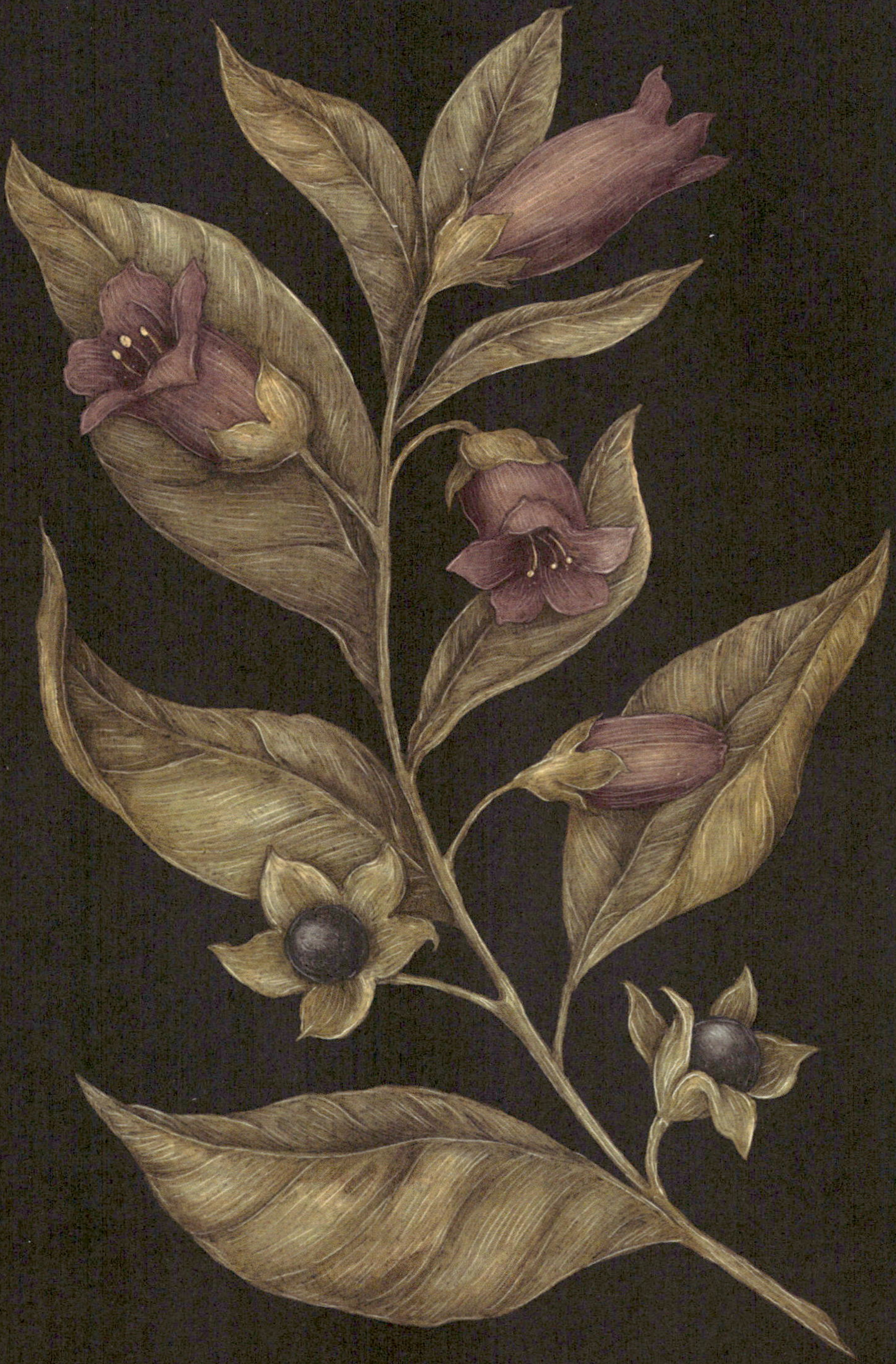

FLORIOGRAFIA

BELADONA
Atropa belladonna

Significado:
Silêncio

Origem:
A beladona, também conhecida como dama-da-noite, é uma das plantas mais tóxicas do mundo. Era comumente usada pelos romanos como veneno, causando a morte e, portanto, silenciando a vítima para sempre. Além disso, o gênero *Atropa* tem seu nome derivado da deusa grega Átropos, a mais velha das três moiras, conhecida por cortar o fio da vida dos mortais.

Combina com...
Aquilégia e begônia, para pedir a alguém que guarde um segredo.

Arruda, como alerta para o destinatário se calar.

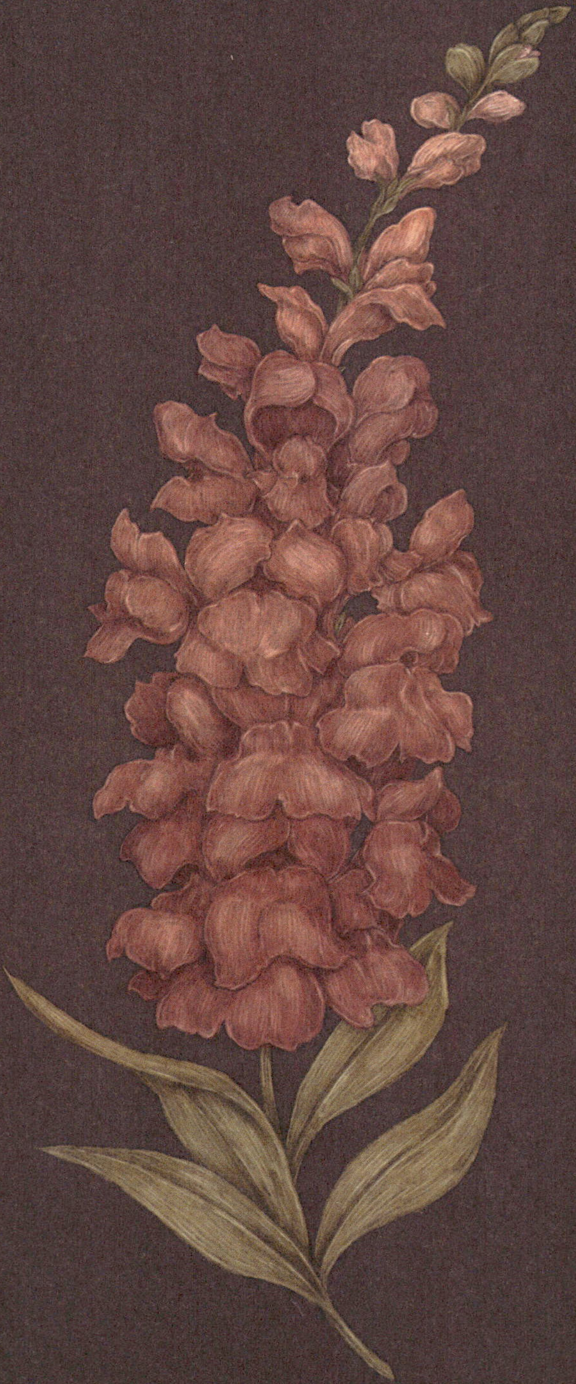

Floriografia

Boca-de-leão
Antirrhinum

Significado:
Presunção

Origem:
A associação da boca-de-leão à presunção pode derivar de um hábito medieval: as donzelas usavam bocas-de-leão nos cabelos para mostrar que não estavam interessadas na atenção não solicitada dos homens. A flor advertia os rapazes, de uma maneira sutil e elegante, contra qualquer pretensão.

Combina com...
Asfódelo, para pedir desculpas por uma indiscrição.

Azevinho, para indicar que seu descuido não vai se repetir.

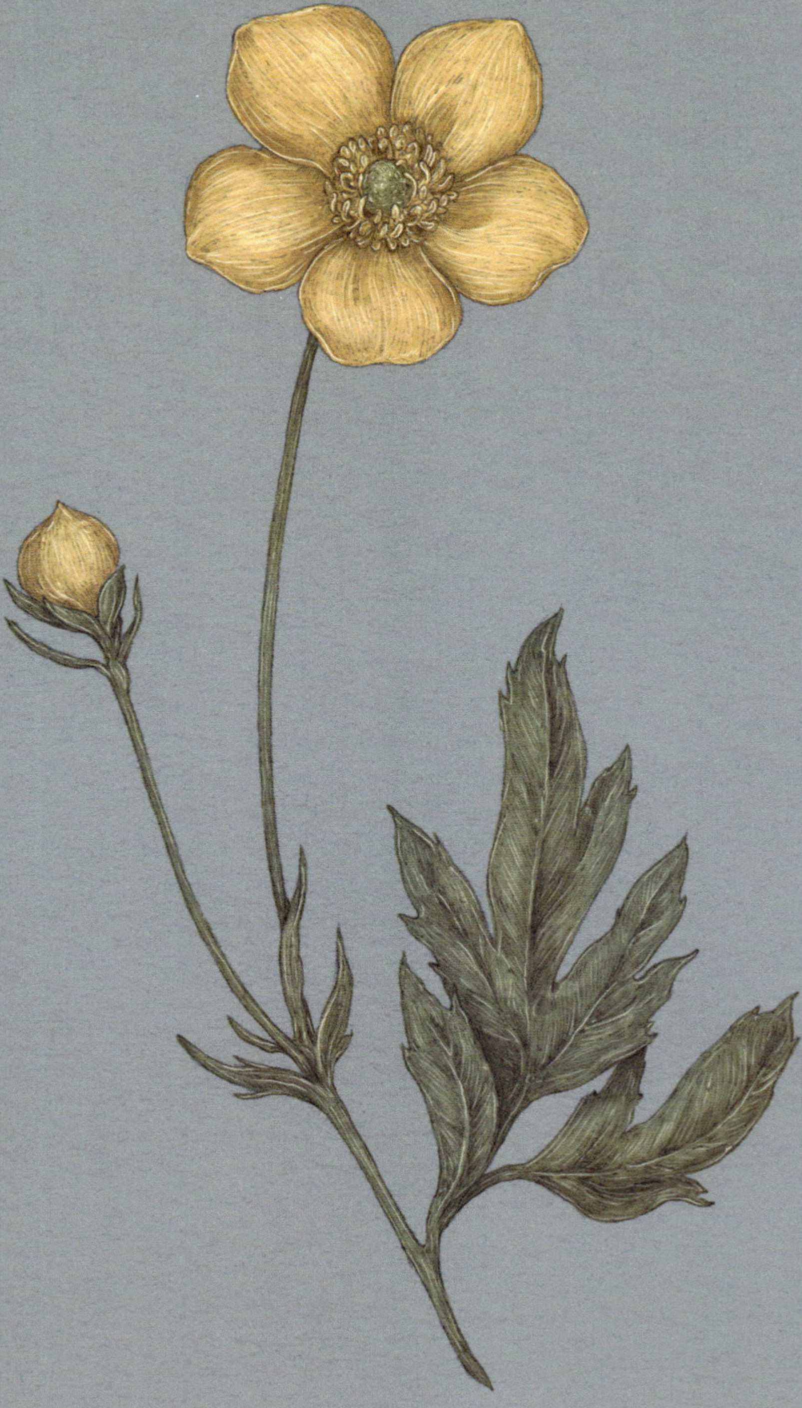

Floriografia

Botão-de--ouro
Ranunculus

Significado:
Você tem um charme radiante

Origem:
O significado do botão-de-ouro pode ter origem em uma brincadeira infantil da era vitoriana. As crianças seguravam um botão-de-ouro abaixo do queixo e conferiam se um reflexo amarelo aparecia na pele. Se o brilho radiante surgisse, quem estivesse segurando a flor era alguém que amava manteiga, uma referência ao nome da flor em inglês, que é *buttercup*.

Combina com...
Prímula, para expressar um novo afeto.

Estramônio, para mostrar que você não vai ceder a um encanto.

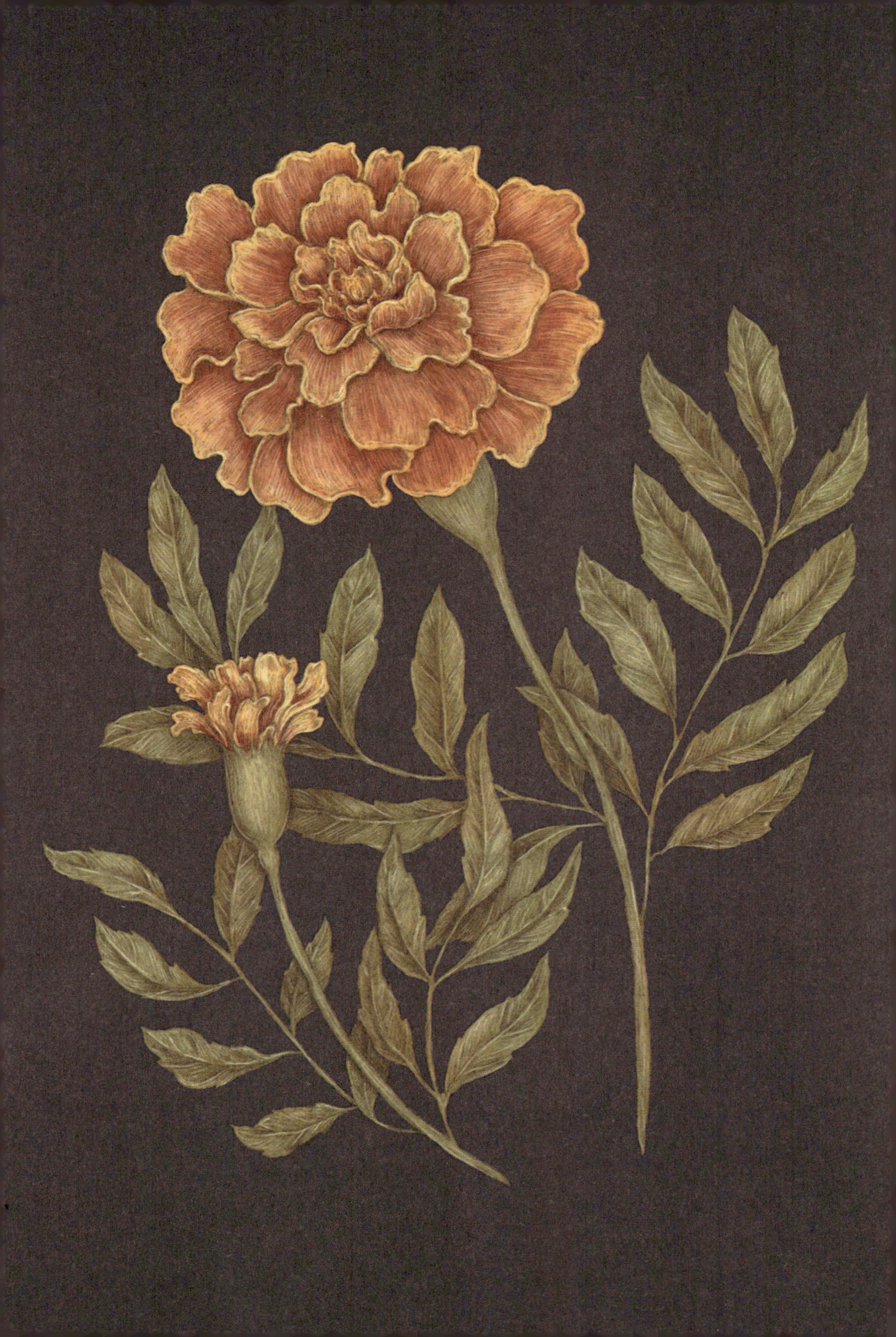

FLORIOGRAFIA

CALÊNDULA
Tagetes

Significado:
Luto

Origem:
Quando as nuvens se agitam ou a noite cai, a calêndula se retrai e seu cálice pende. Quando ela se abre novamente à luz do sol, suas pétalas, úmidas de orvalho, parecem chorar. As calêndulas são tradicionalmente usadas para celebrar o *Día de los Muertos* (Dia dos Mortos) no México, quando se acredita que os espíritos dos que partiram voltam para visitar os vivos. Essa celebração acontece no festival que homenageia Mictecacíhuatl, a senhora dos mortos e deusa do submundo.

Combina com...
Salgueiro, para expressar tristeza com a perda de um ente querido.

Arruda, para pedir perdão pela dor que você causou.

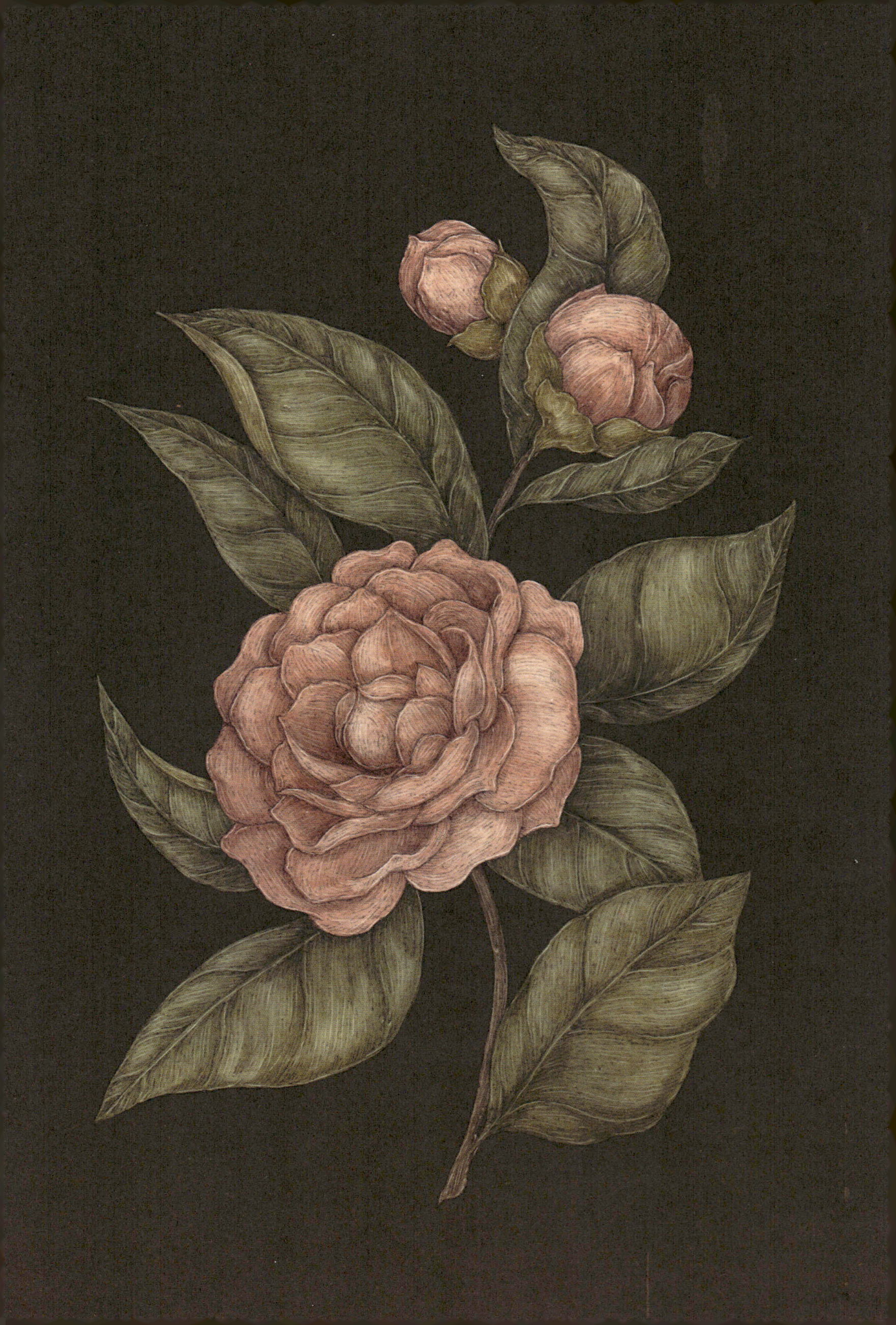

FLORIOGRAFIA

CAMÉLIA
Camellia

Significado:
Saudade de você

Origem:
O significado da camélia tem origem no romance de 1848 de Alexandre Dumas, *A Dama das Camélias*, que narra o trágico amor do jovem burguês Armand Duval com a cortesã Marguerite Gautier. Os dois se apaixonam, mas o relacionamento é arruinado pelo pai de Armand que, temendo o escândalo, convence Marguerite a abandonar o amante. Armand lamenta a partida da amada, mas não vai atrás dela, acreditando que ela o deixou por causa de outro homem. Nesse ínterim, Marguerite adoece de tuberculose. Ela morre sozinha, com saudade de Armand e da história de amor que eles poderiam ter vivido.

Combina com...
Narciso, para expressar o anseio por um amor não correspondido.

Zínia, para presentear um amigo que está de mudança.

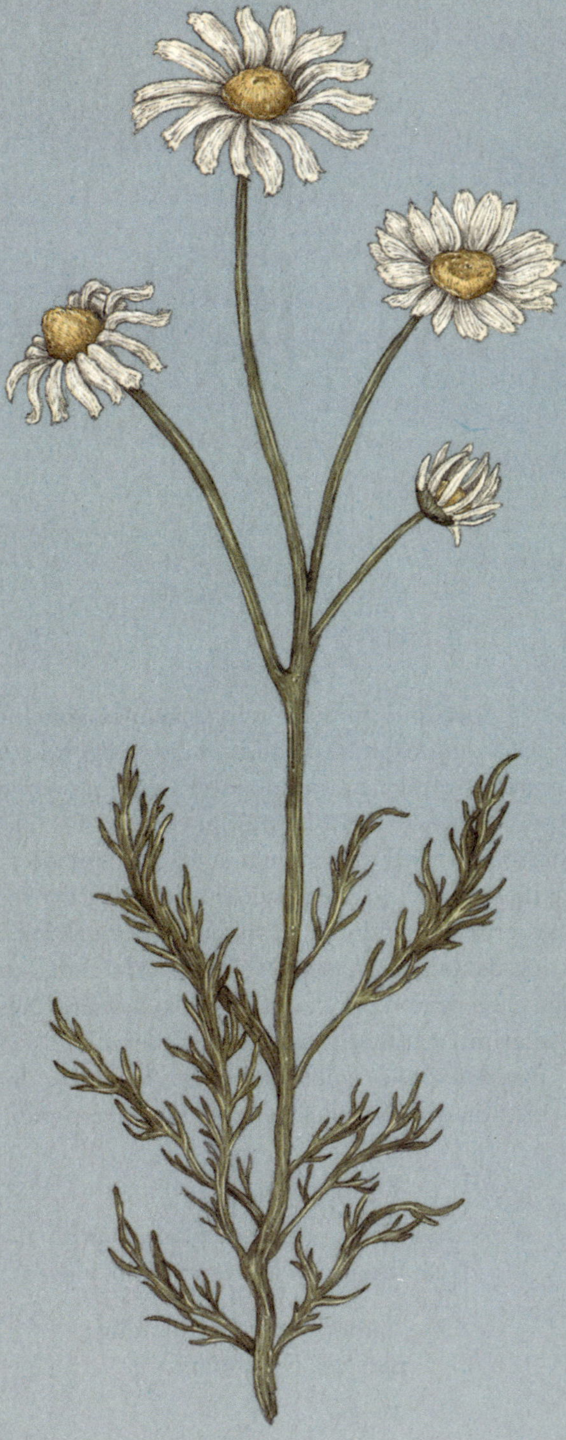

Floriografia

CAMOMILA
Matricaria

Significado:
Força em meio à adversidade

Origem:
O significado da camomila pode vir de suas diversas propriedades de cura, que foram reconhecidas pela primeira vez no Egito antigo. O chá de camomila acalma os nervos e promove o sono, possibilitando descanso e renovação ao corpo e à mente em momentos de estresse. Diz-se que a camomila produz a energia curativa e o vigor necessário para superar adversidades.

Combina com...
Corniso, para mostrar que seu amor vai superar todos os obstáculos.

Rosa, para expressar a força do seu amor em um momento difícil.

Urtiga, para demonstrar empatia em situações conflitantes.

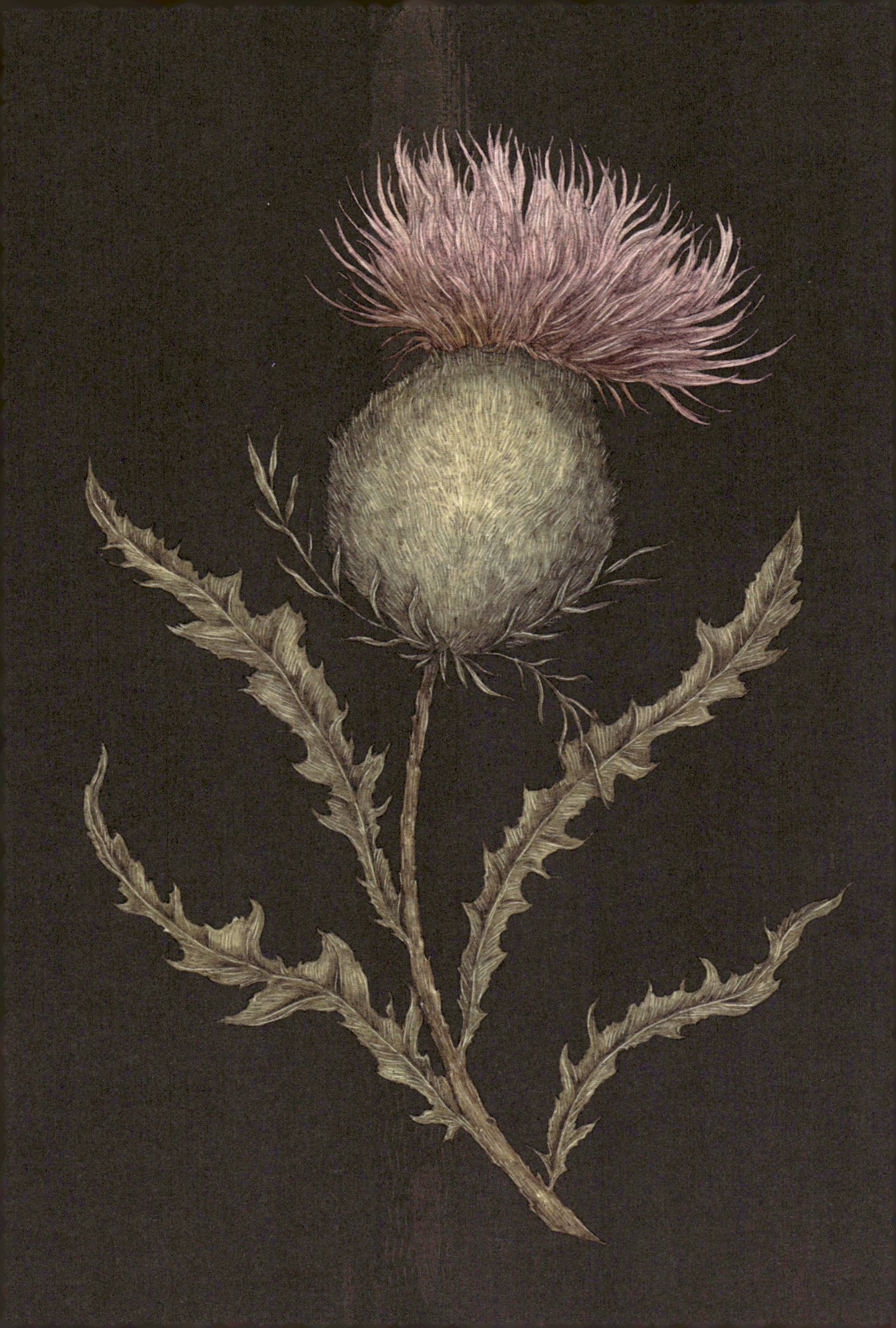

FLORIOGRAFIA

CARDO
Cirsium

Significado:
Antipatia

Origem:
Não é surpresa que o esguio e espinhento cardo seja associado à antipatia. Seu significado também tem raízes bíblicas: em Gênesis, quando Deus expulsou Adão e Eva do Jardim do Éden, ele lhes disse que cardos e espinhos cresceriam da terra como parte de sua punição.

Combina com...
Alecrim, para demonstrar a alguém que você consegue ver o que há por trás da fachada dessa pessoa.

Amor-perfeito, para demonstrar carinho por um amigo que está passando por uma amarga separação.

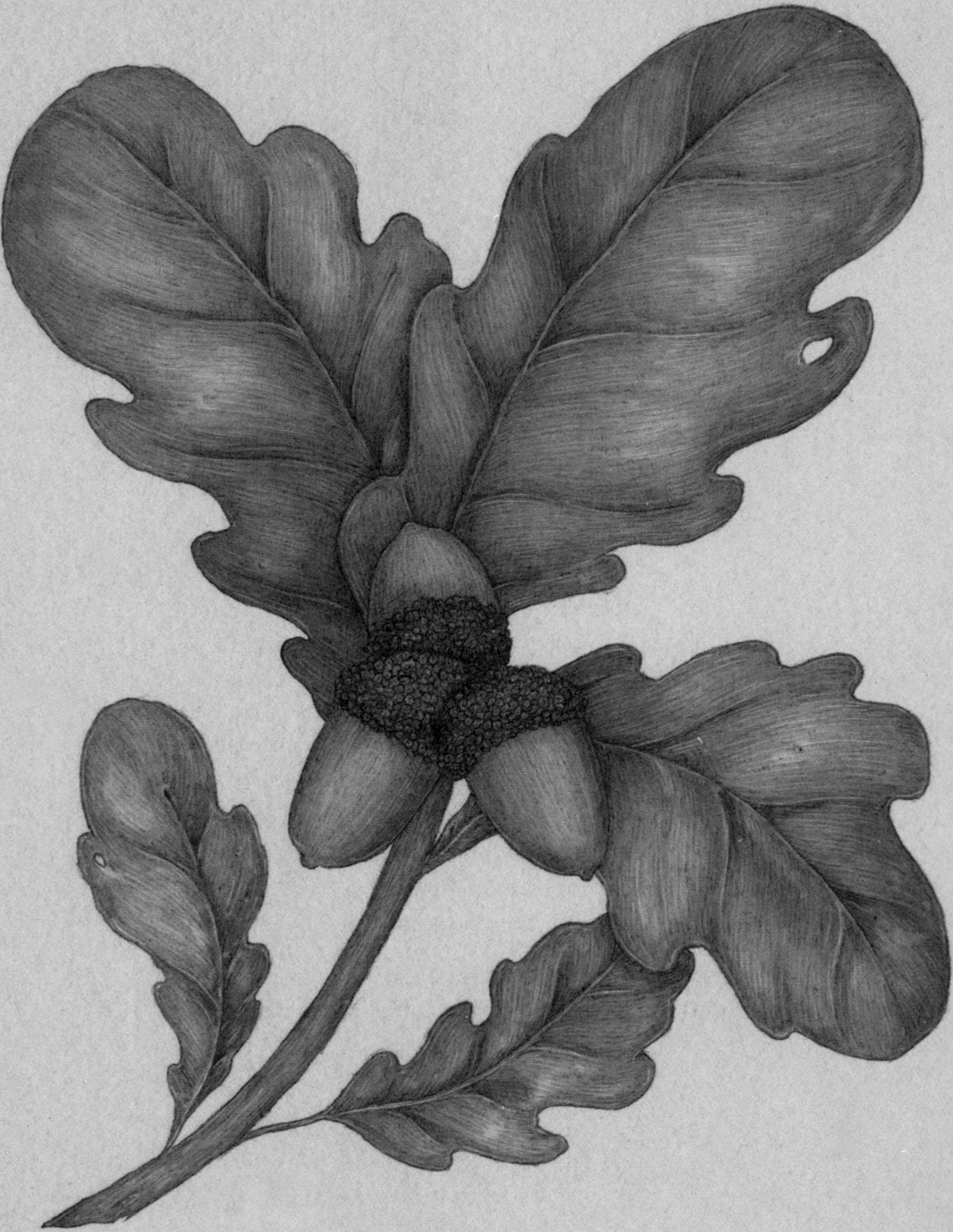

FLORIOGRAFIA

CARVALHO
Quercus

Significado:
Coragem

Origem:
O carvalho foi, talvez, a mais venerada de todas as plantas ao longo de grande parte da História Antiga. Tem sido, há muito tempo, associado a figuras corajosas e triunfantes em muitas culturas diferentes. Na mitologia grega, o carvalho é a árvore sagrada de Zeus. Na mitologia nórdica, é a árvore da vida, reverenciada por Thor. E nas culturas celta e druídica, o carvalho foi importante em muitos rituais e cerimônias, pois era a árvore sagrada do deus pagão Dagda.

Combina com...
Cravina e acônito, para presentear alguém que você admira.

Clematite, para expressar gratidão a uma pessoa que foi fundamental em sua vida.

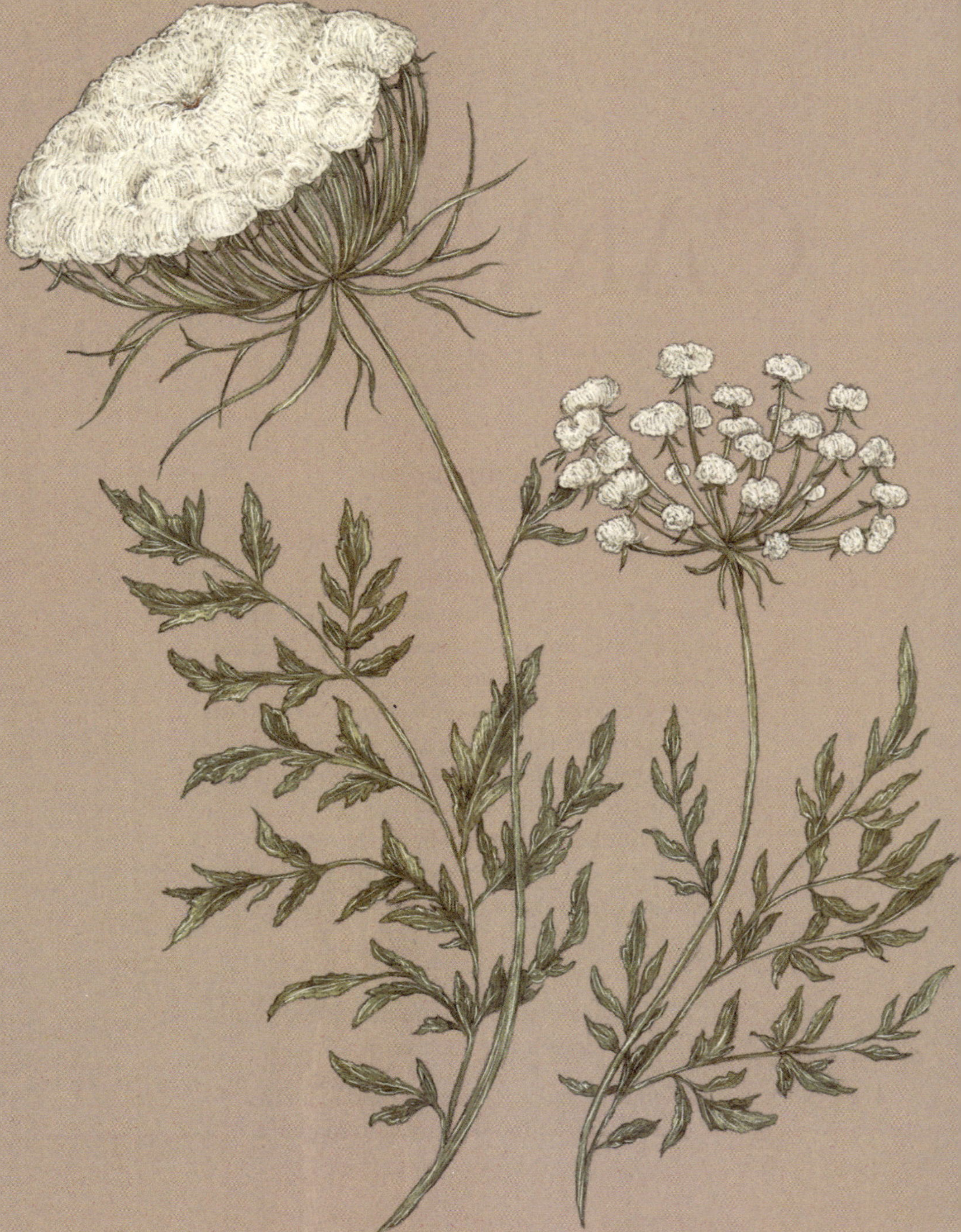

FLORIOGRAFIA

CENOURA-SILVESTRE
Daucus

Significado:
Santuário

Origem:
A folhagem rendada da cenoura-silvestre se dobra em forma de escudo ou de ninho, proporcionando a proteção de um santuário para seus moradores. Por esse motivo, ela também é chamada de "ninho de pássaro".

Combina com...
Taboa, para dar de presente na inauguração de uma casa nova.

Flor-de-maçã, para presentear um amigo que está comprando uma casa nova.

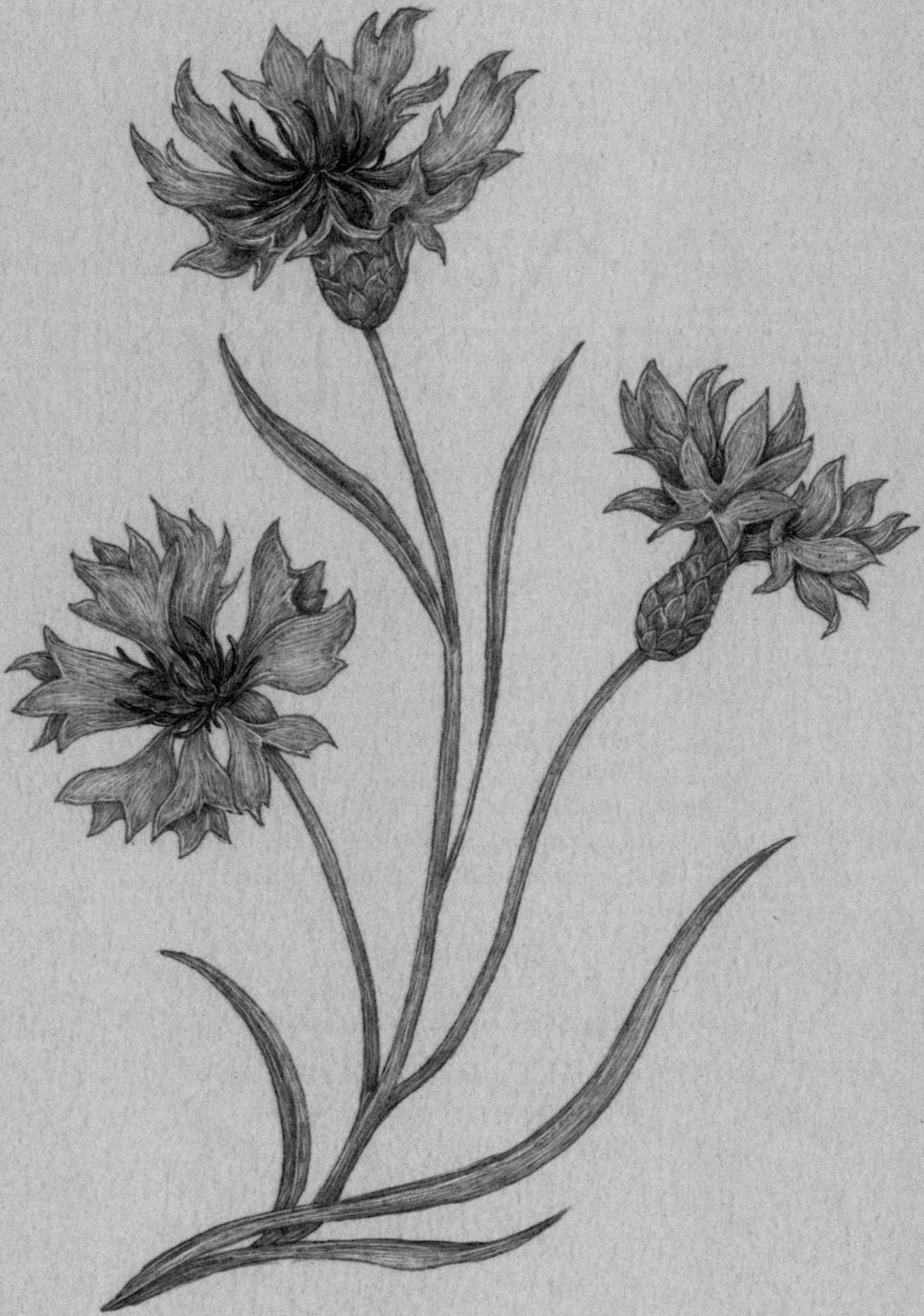

FLORIOGRAFIA

CENTÁUREA
Centaurea cyanus

Significado:
Esperança no amor

Origem:
O folclore em torno da centáurea, que em inglês também é chamada de *bachelor's button* ("botão-de-solteiro"), afirma que um jovem rapaz, se estiver apaixonado, deve usar a flor presa à roupa. Se a flor morrer depressa, significa que o amor não é correspondido. Porém, se a flor permanecer viva, há chances de que o amor do jovem se realize.

Combina com...
Lilás, para presentear o primeiro amor.

Cravina, para expressar fidelidade eterna.

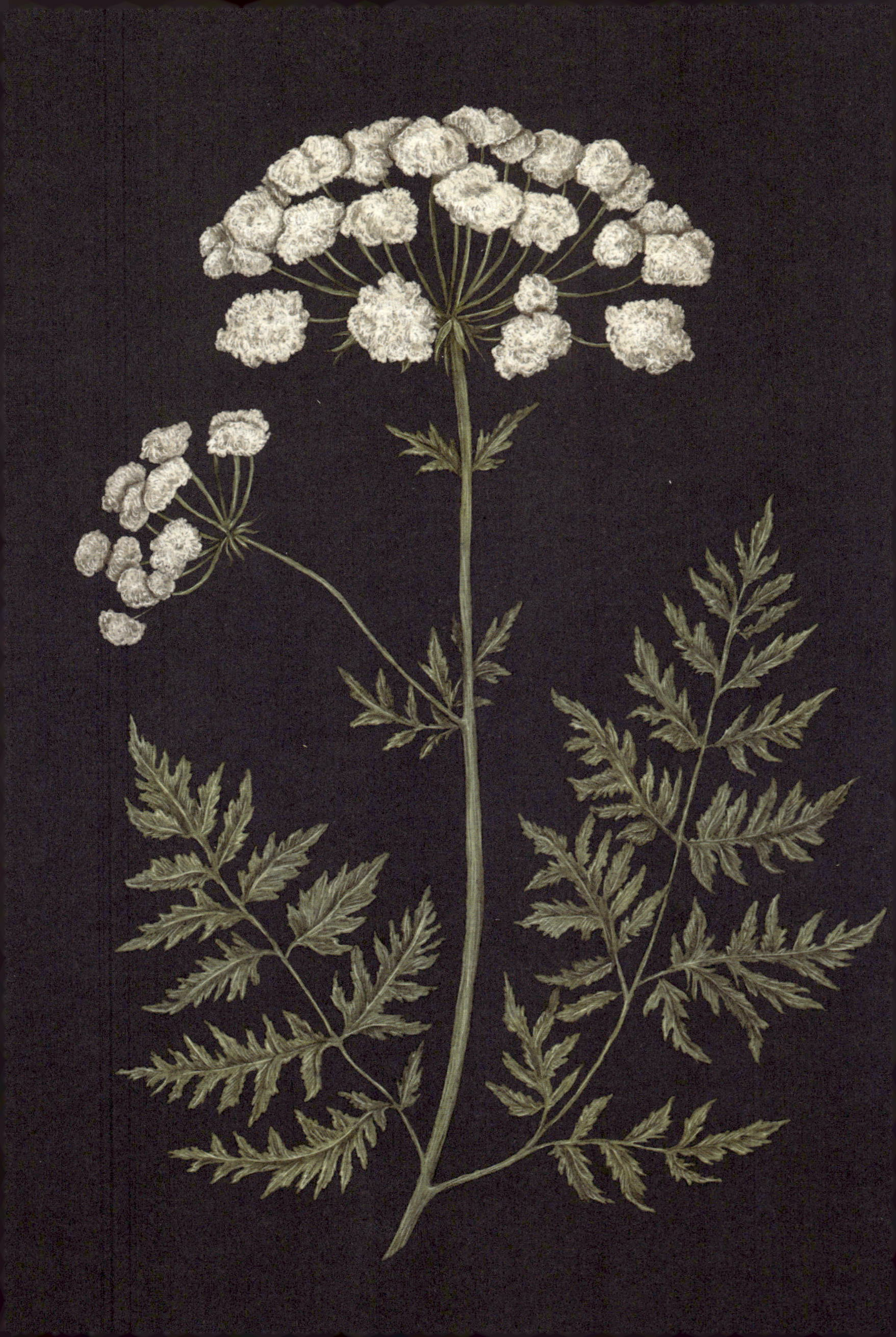

Floriografia

CICUTA
Conium maculatum

Significado:
Morte

Origem:
A cicuta é uma planta venenosa que causa paralisia e morte. Talvez o envenenamento por cicuta mais famoso tenha sido o de Sócrates, que bebeu uma infusão feita com tal planta após ser sentenciado à morte por sua filosofia.

Combina com...
Crisântemo, para expressar condolências pela perda de um ente querido.

Urtiga, para homenagear um ente querido que se foi cedo demais.

FLORIOGRAFIA

CIPRESTE
Cupressus

Significados:
Morte

Luto

Origem:
O cipreste é um símbolo de luto e morte desde a Antiguidade clássica e continua sendo a árvore mais comumente plantada em cemitérios, tanto na Europa como no Oriente Médio. O mito grego que origina o nome da árvore conta que Ciparisso matou seu amado companheiro, um cervo manso, em um acidente. Ele ficou tão assolado pela dor que se transformou em um cipreste.

Combina com...
Calêndula e hera, para presentear um amigo enlutado.

Flor-de-laranjeira, para expressar sua devoção eterna por um ente querido que faleceu recentemente.

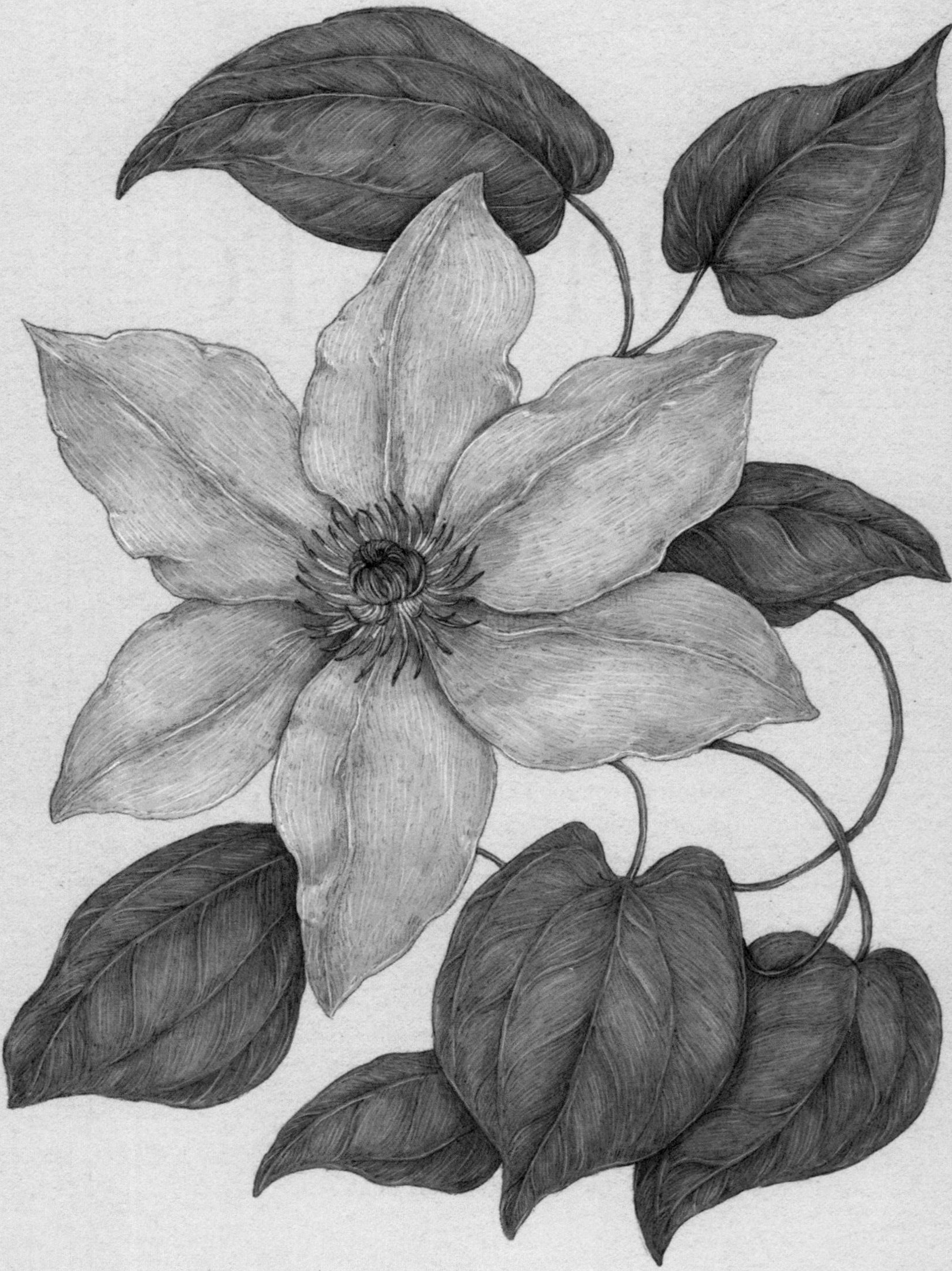

FLORIOGRAFIA

CLEMATITE
Clematis

Significados:
Criatividade

Inteligência

Origem:
A clematite, assim chamada por sua extrema facilidade de crescer por paredes e treliças, é associada à esperteza e à genialidade. Com suas raízes firmadas, esta planta trepadeira sempre encontra uma forma de avançar por terrenos difíceis, muitas vezes envolvendo tudo ao seu redor.

Combina com...
Trevo e alecrim, para desejar boa sorte a alguém antes de uma prova.

Visco, para mostrar que o presenteado vai superar todos os desafios em virtude de sua inteligência e criatividade.

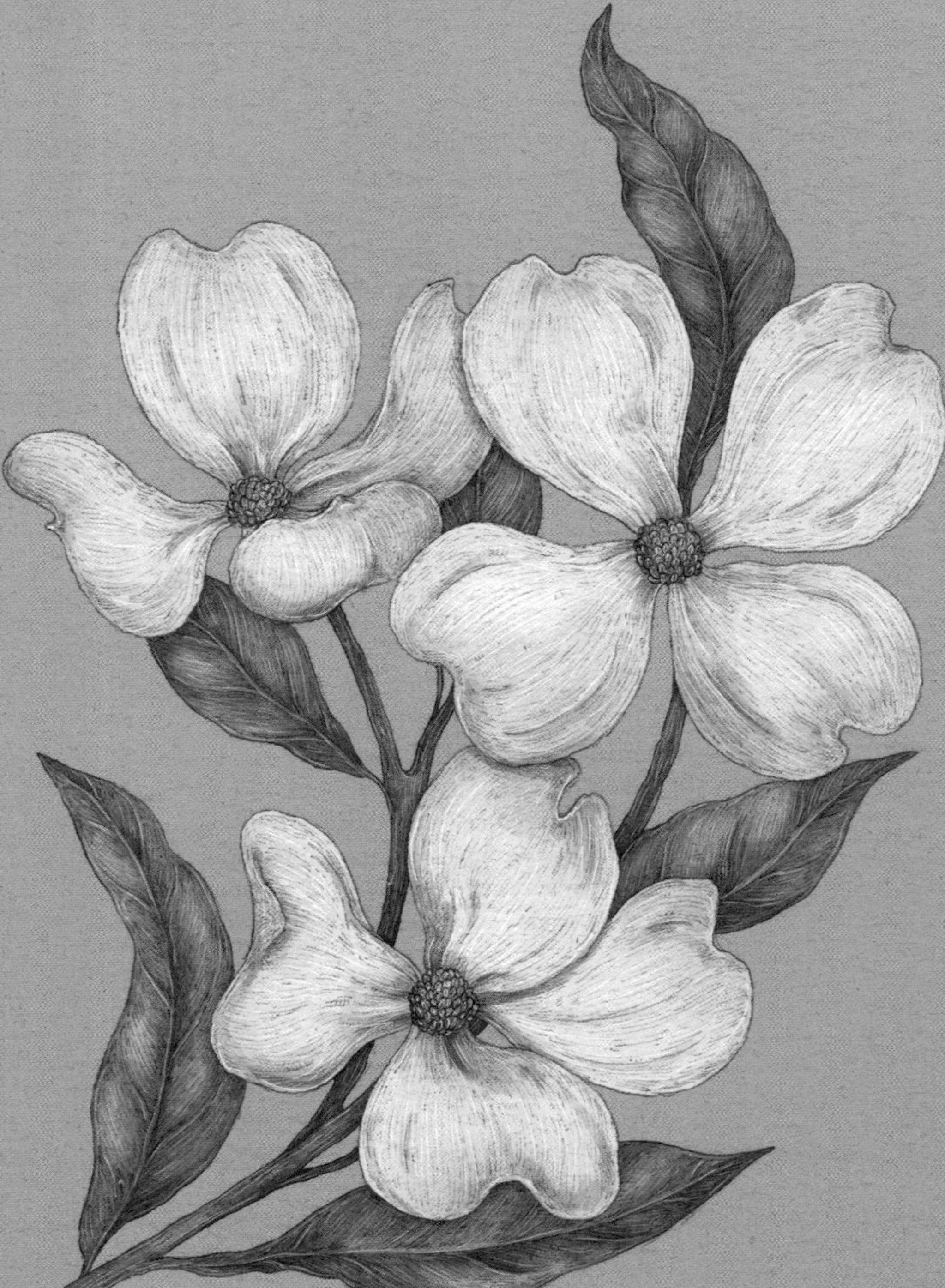

FLORIOGRAFIA

CORNISO
Cornus

Significado:
Nosso amor vai superar as adversidades

Origem:
As flores gentis e extravagantes da árvore do corniso parecem delicadas, mas a madeira de seu tronco é forte e resistente. Os amantes vitorianos usavam esta flor para mostrar que seu amor era capaz de enfrentar qualquer provação.

Combina com...
Heléboro, para desejar força para superar um escândalo.

Acônito, para expressar cavalheirismo diante de um obstáculo.

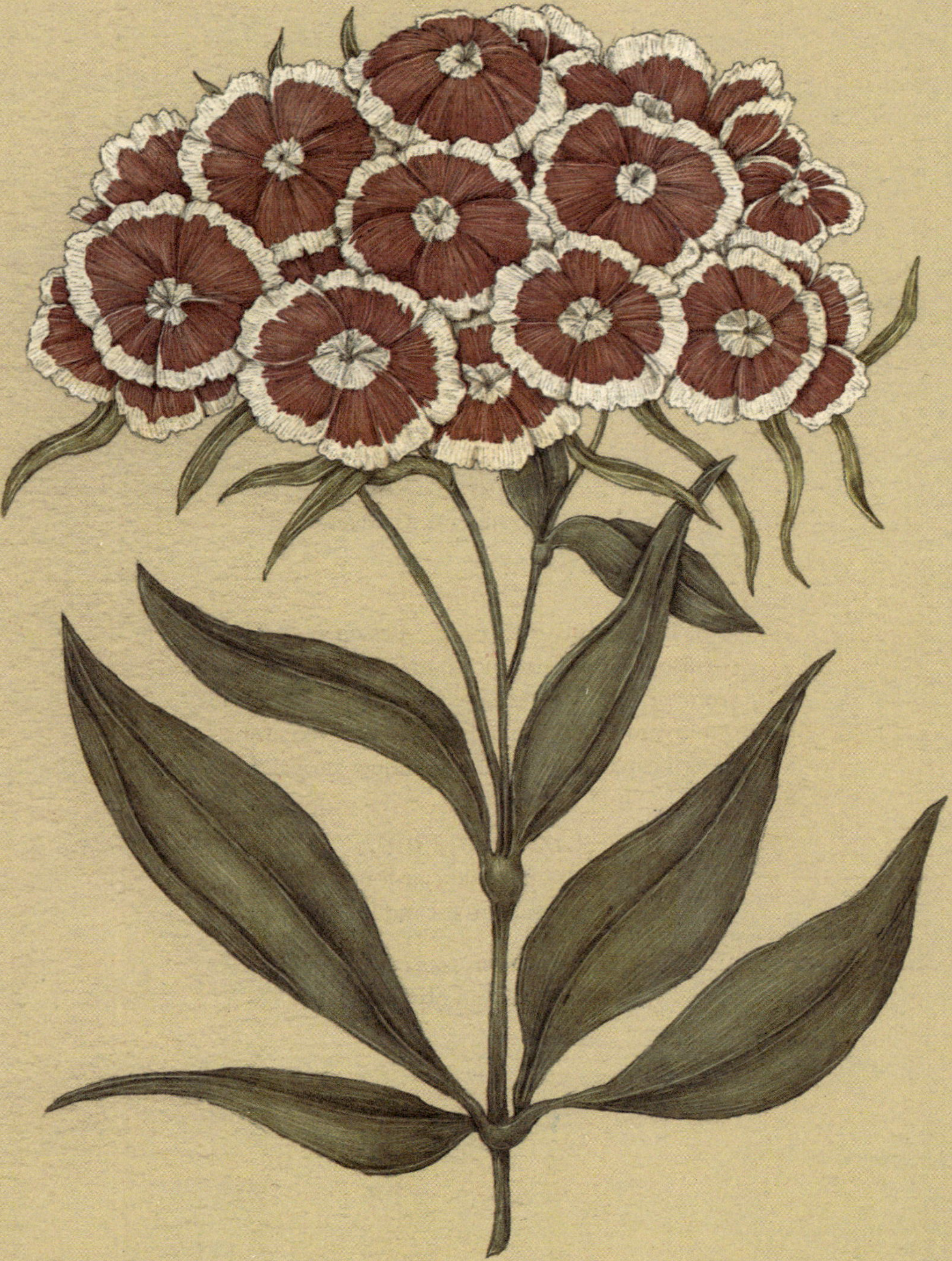

Floriografia

CRAVINA
Dianthus barbatus

Significado:
Galanteio

Origem:
Em inglês, o nome da Cravina é *sweet William* ("doce William"). A origem desse nome é incerta; muitos especularam que ela tem esse nome para homenagear vários Williams famosos — William Shakespeare e William, o Conquistador, por exemplo —, mas esse fato nunca foi confirmado. *Sweet William* era um apelido comum para jovens galantes que figuravam em histórias folclóricas e baladas inglesas.

Combina com...
Eucalipto, para mostrar que você vai proteger um ente querido em momentos difíceis.

Madressilva, para expressar compromisso em um relacionamento.

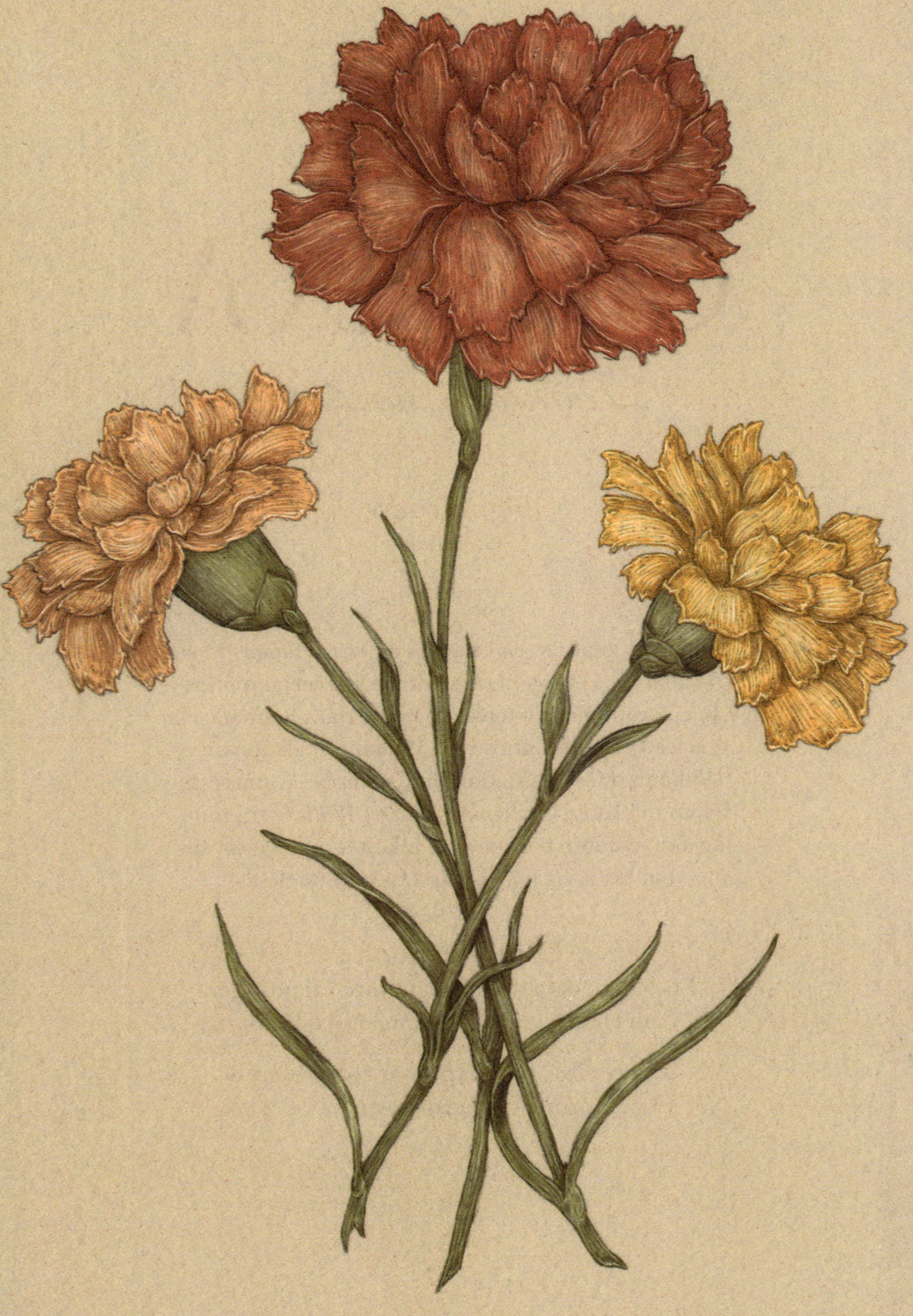

FLORIOGRAFIA

CRAVO
Dianthus caryophyllus

Significados:
Amor maternal eterno

Sofrimento

Origem:
O significado do cravo pode remontar à crucificação de Jesus, pois diz-se que surgiram cravos onde as lágrimas da Virgem Maria verteram, o que levou à associação da flor com o sofrimento e o amor eterno de uma mãe por seu filho. Em inglês, o cravo é chamado de *carnation*, e pode ser uma referência ao fato de Jesus ser uma encarnação de Deus.

Combina com...
Hortelã ou jacinto-dos-campos, para consolar a perda de um filho.

Urze, para presentear um filho que parte para a faculdade.

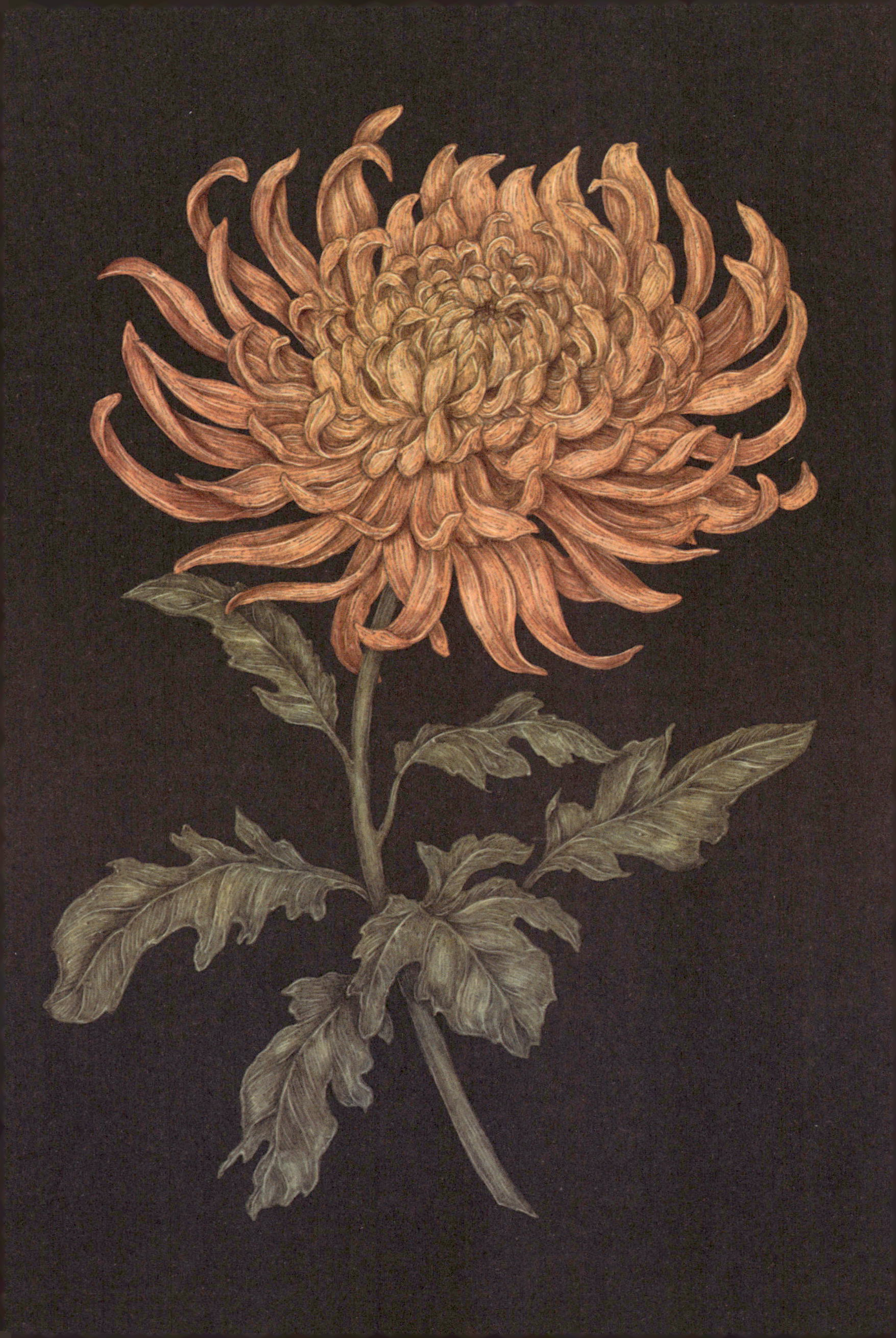

FLORIOGRAFIA

CRISÂNTEMO
Chrysanthemum

Significado:
Pêsames

Origem:
O crisântemo, que floresce no outono, é frequentemente usado em funerais e em túmulos em muitos países da Europa — entre eles, França, Bélgica, Itália e Espanha. Esse ritual pode ter origem na prática da decoração de túmulos no Dia de Finados, um feriado cristão que ocorre no começo de novembro, época em que é difícil encontrar alguns tipos de flores no continente europeu. O crisântemo é considerado um símbolo de conforto em momentos de luto.

Combina com...
Salgueiro, para confortar um amigo que está de luto.

Palma-de-santa-rita, para consolar um coração partido.

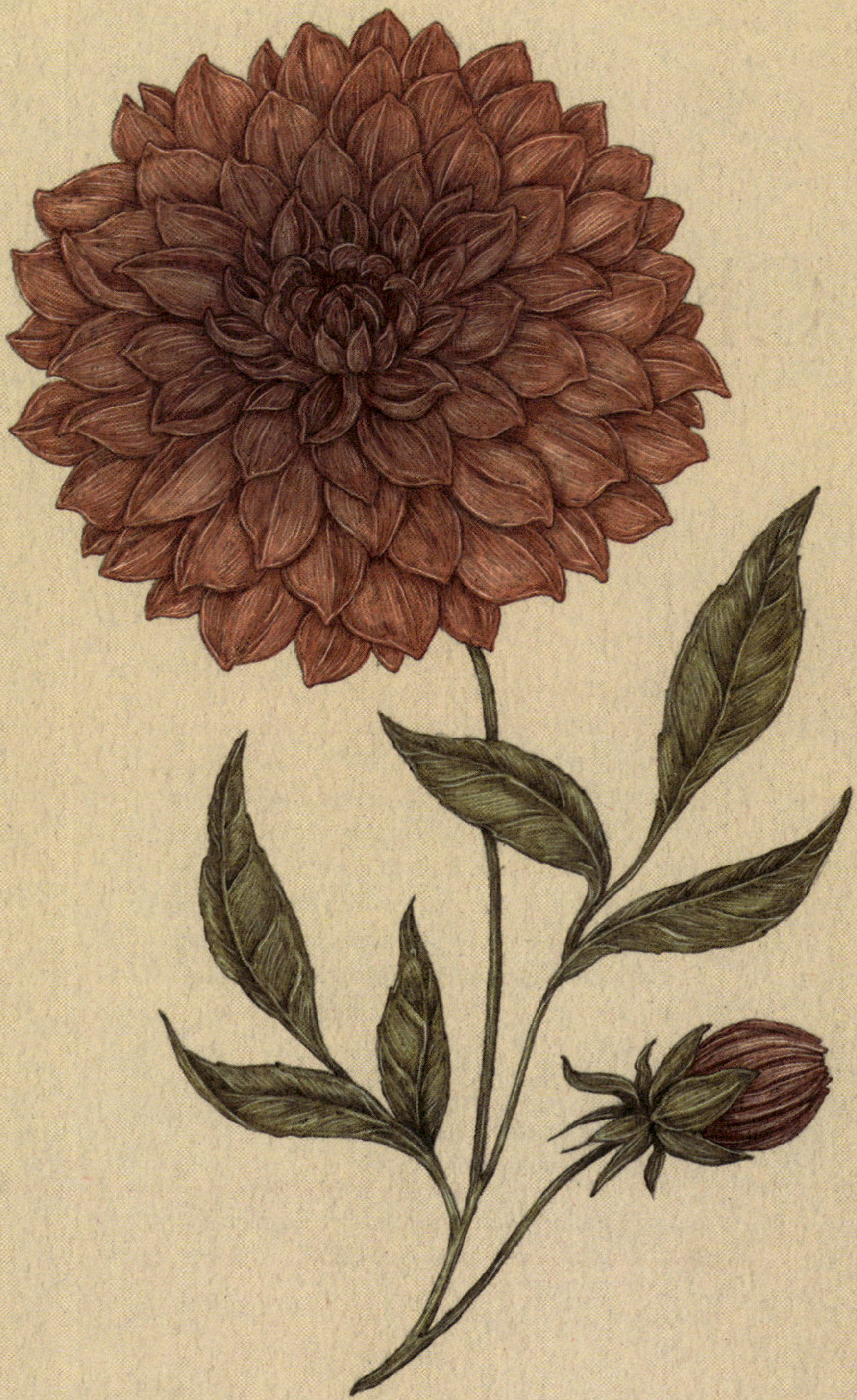

DÁLIA
Dahlia

Significados:
Amor eterno

Compromisso

Origem:
A dália é chamada de "rainha do jardim de outono" porque floresce por um longo período, especialmente durante os meses dessa estação. Muito usada em buquês de casamento na era vitoriana, esta flor simbolizava longevidade e compromisso.

Combina com...
Tulipa, para presentear um casal que noivou recentemente.

Murta, para expressar amor e devoção.

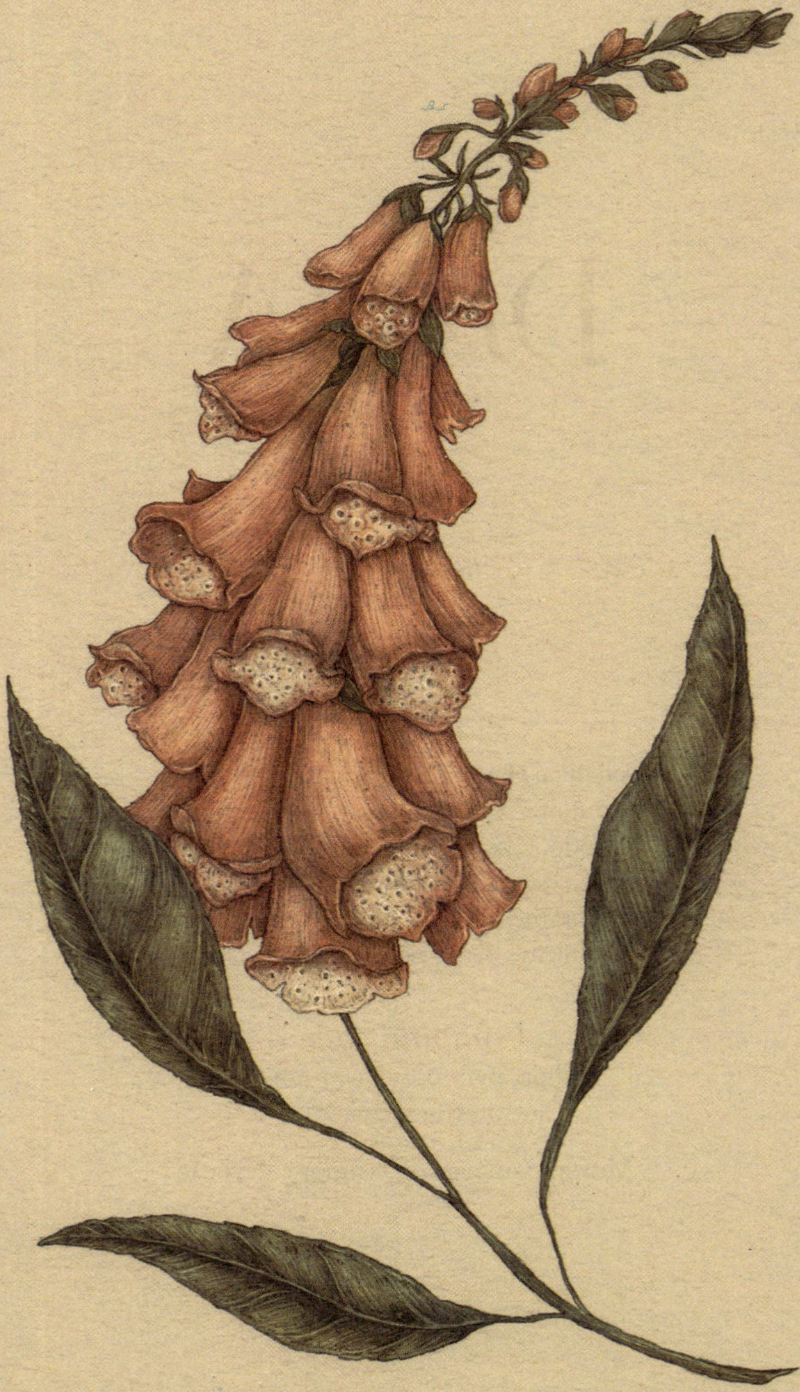

FLORIOGRAFIA

DEDALEIRA
Digitalis

Significados:
Charadas

Segredos

Origem:
A dedaleira é tradicionalmente associada ao folclore das fadas nas Ilhas Britânicas. Originalmente, seu nome pode ter sido *folkglove*, visto que se dizia que as *fae folk* — ou fadas — se escondiam dentro de suas flores. As crianças que quisessem ver as fadas e ouvir suas charadas espiavam dentro dessas flores. Contudo, considerava-se que colher uma dedaleira trazia má sorte, já que tirava a moradia das fadas. Esse rumor pode ter colaborado para impedir que as crianças tocassem nessas flores, já que, se ingeridas, podem ser letais.

Combina com...
Lavanda, para alertar um amigo sobre um amor infiel.

Jacinto, para pedir perdão por revelar um segredo.

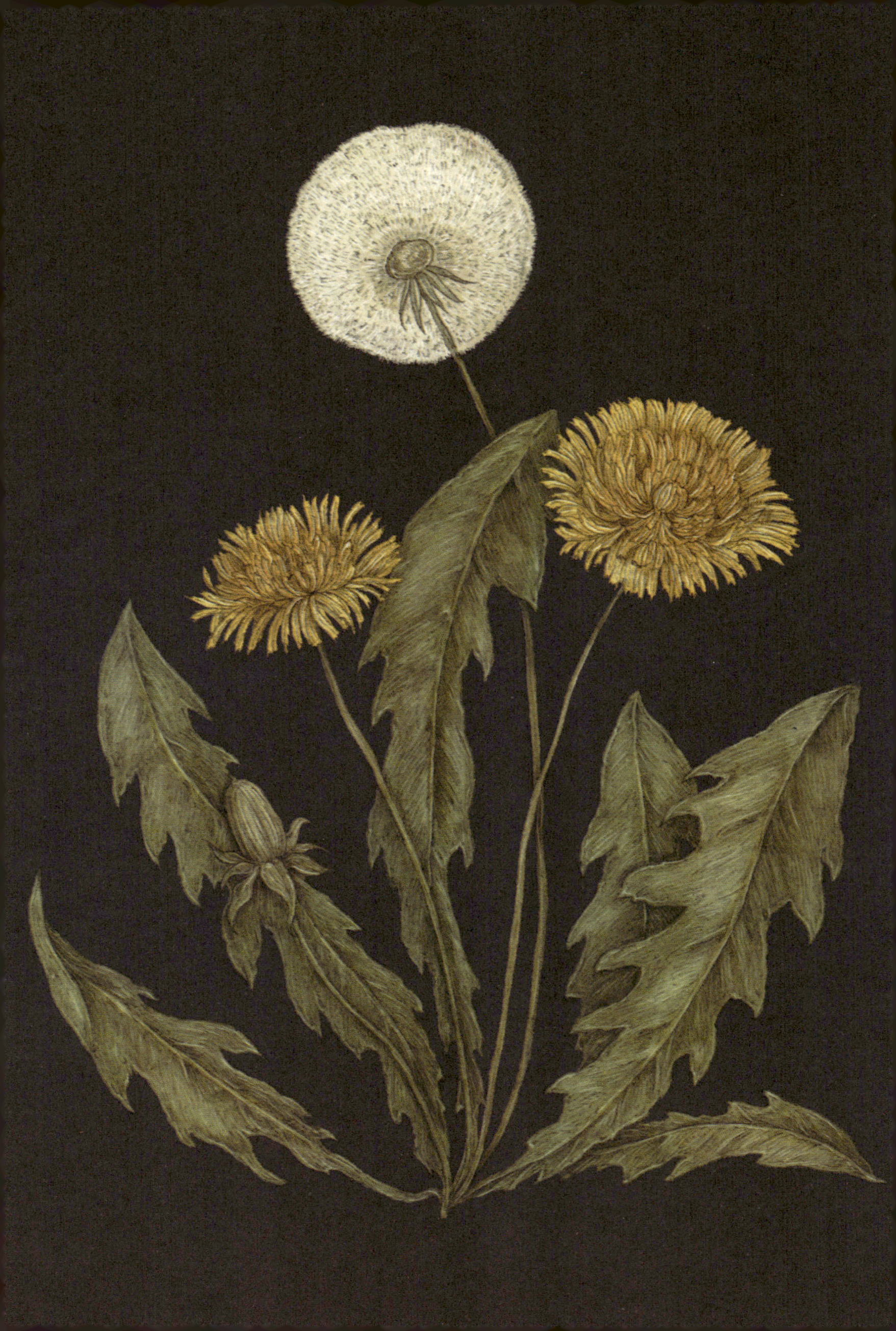

FLORIOGRAFIA

DENTE-DE-LEÃO

Taraxacum

Significados:
Adivinhação

Leitura da sorte

Origem:
O dente-de-leão é associado aos desejos e à predição do futuro: é costumeiro em muitas culturas ocidentais fazer um desejo ao assoprar a "penugem" da flor, espalhando suas sementes. Em termos mais práticos, o dente-de-leão tem sido usado para prever o clima, já que sua penugem fica presa quando o tempo está ruim e se abre quando céus ensolarados e limpos estão a caminho.

Combina com...
Samambaia, para celebrar o solstício.

Dedaleira e azevinho, para expressar habilidade de resolver problemas futuros.

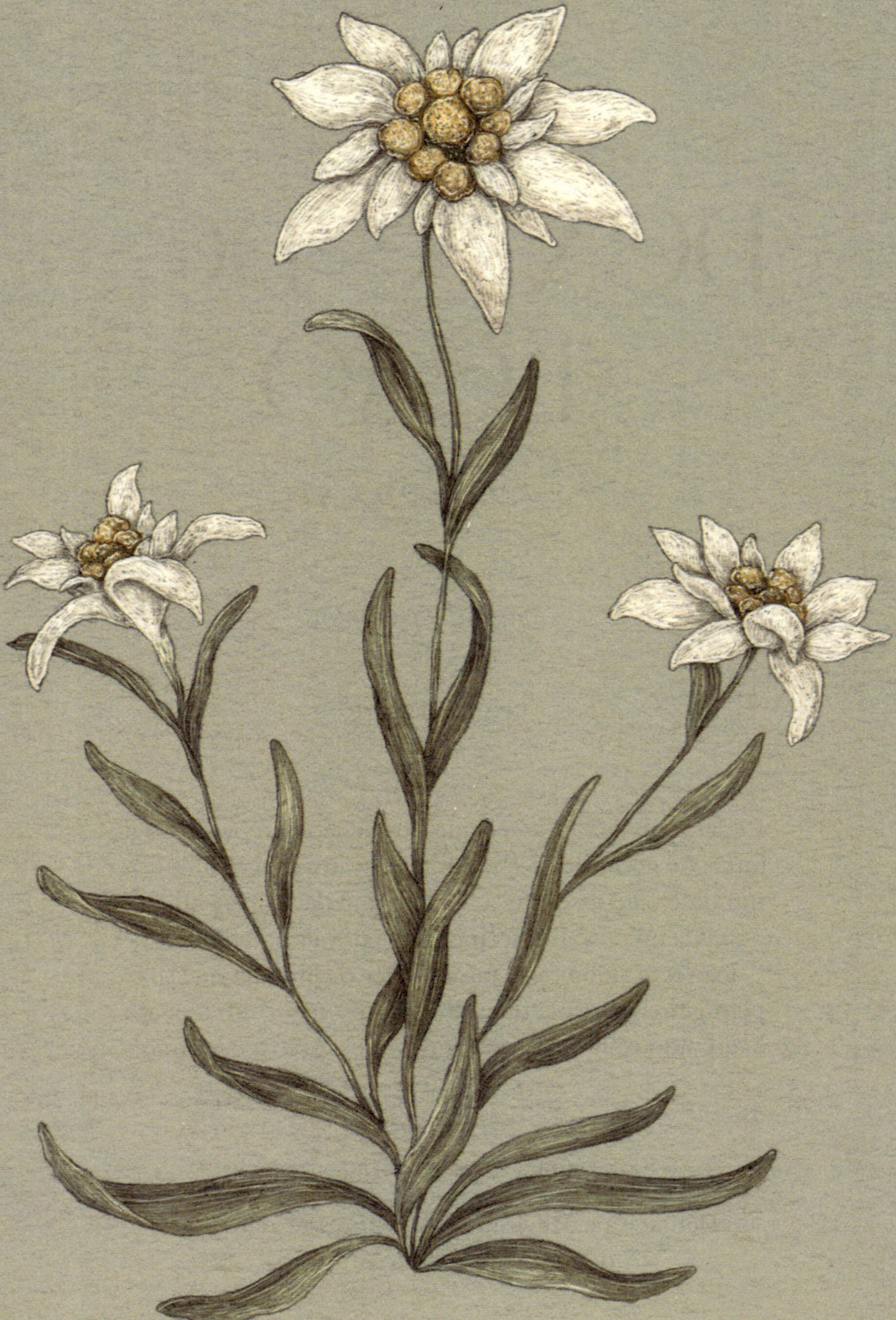

FLORIOGRAFIA

EDELVAIS
Leontopodium

Significados:
Coragem

Ousadia

Origem:
Como as flores brancas e estreladas da edelvais crescem nos Alpes, colhê-las é uma tarefa perigosa. Por essa razão, buscar a edelvais para a pessoa amada era considerado um feito de grande coragem e devoção.

Combina com...
Lírio e louro, para presentear um amigo que esteja embarcando em uma nova carreira.

Cravina, para mostrar ao agraciado que você o acha corajoso e dedicado.

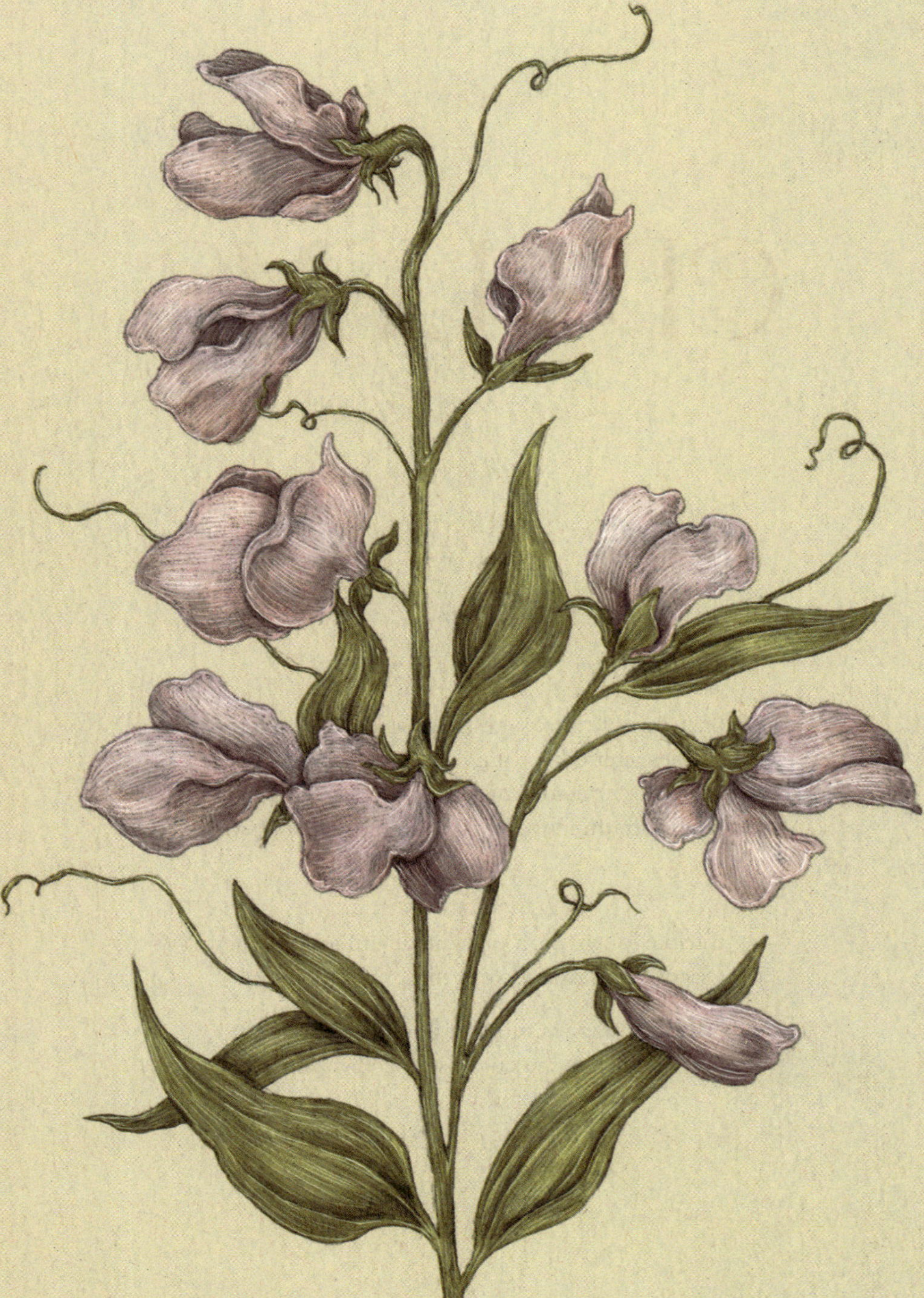

FLORIOGRAFIA

Ervilha-de--cheiro

Lathyrus odoratus

Significado:
Gratidão pelo ótimo momento
que passamos juntos

Origem:
Os vitorianos ofertavam ervilhas-de-cheiro para
agradecer aos anfitriões pelo momento agradável
que haviam passado juntos. Acreditava-se que
o cheiro leve e doce da flor iluminava a casa
e servia como símbolo de hospitalidade.

Combina com...
Hissopo e orquídea, para agradecer a
um amigo por sua hospitalidade.

Zínia, para demonstrar gratidão.

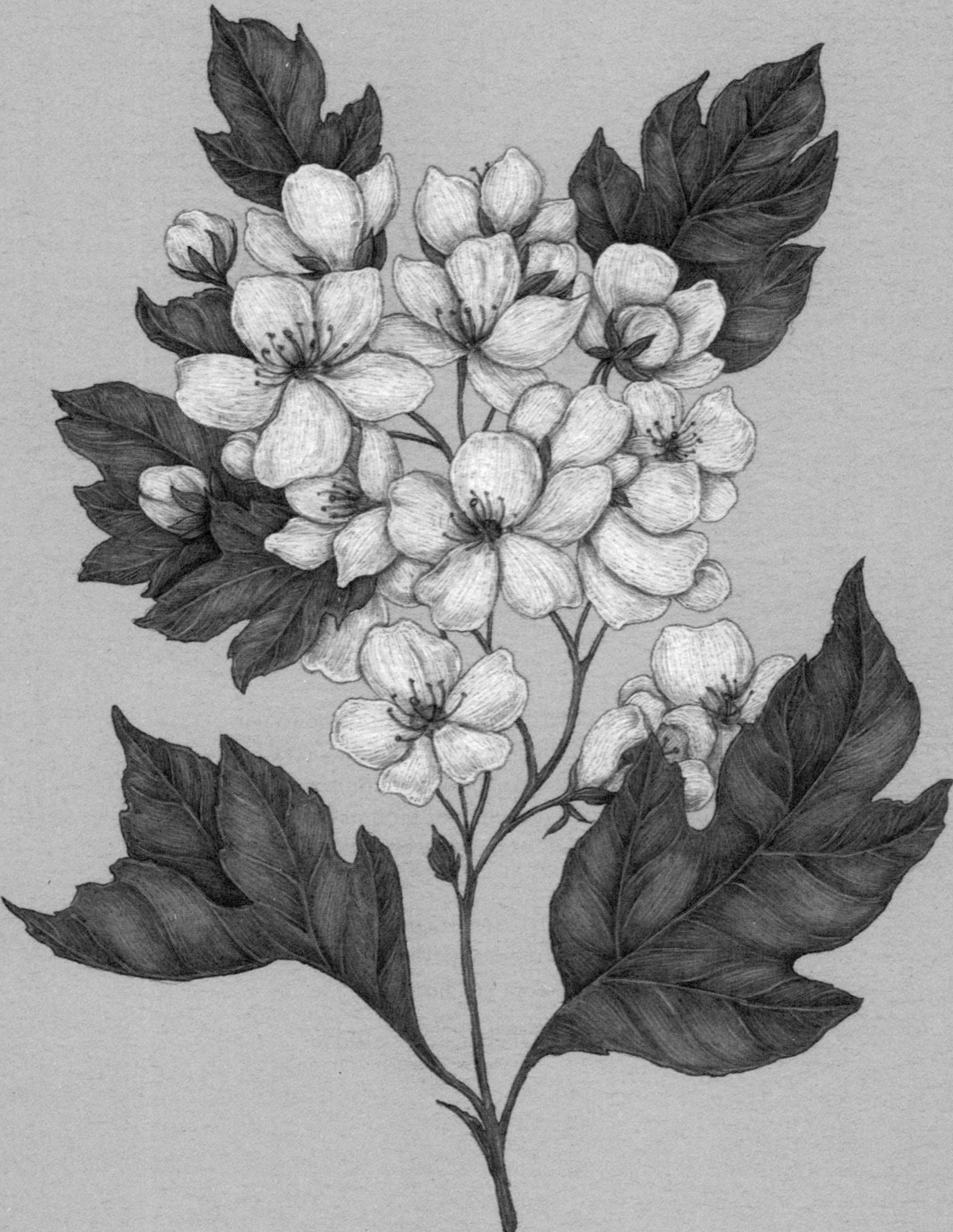

FLORIOGRAFIA

ESPINHEIRO-
-BRANCO
Crataegus

Significado:
Esperança

Origem:
Na mitologia grega, Himeneu, o deus do casamento, portava um espinheiro-branco, considerado sagrado, em uma tocha de fogo. As noivas da Grécia Antiga usavam essas flores nos buquês e nos cabelos no dia do casamento, o que leva à associação do espinheiro-branco com a esperança no amor.

Combina com...
Camélia, para expressar esperança de que um amor perdido vai voltar.

Flor-de-laranjeira, para expressar esperança de que o presenteado vai corresponder ao seu amor.

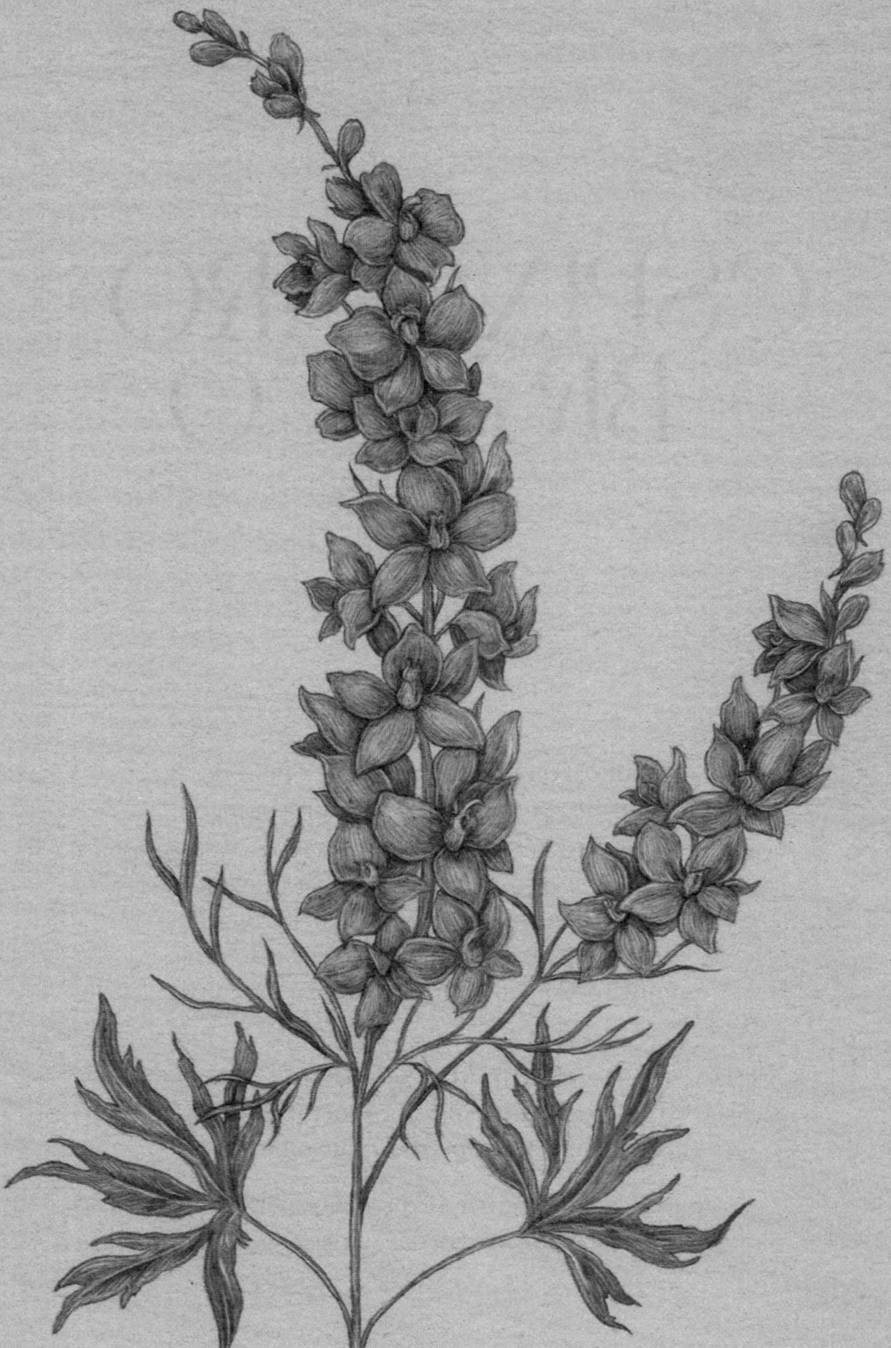

FLORIOGRAFIA

ESTAFISÁGRIA
Delphinium

Significado:
Leveza

Origem:
Diz-se que o característico invólucro das sementes da estafiságria se parece com a pata de uma cotovia, por isso o nome desta flor em inglês é *larkspur*, já que *lark* significa "cotovia" e *spur* significa "espora". O canto adorável e leve deste pássaro eleva o espírito, assim como as lindas pétalas roxas da planta se erguem em direção aos céus.

Combina com...
Protea, para expressar que dias melhores virão.

Begônia, para garantir ao destinatário que todos os problemas do passado foram resolvidos.

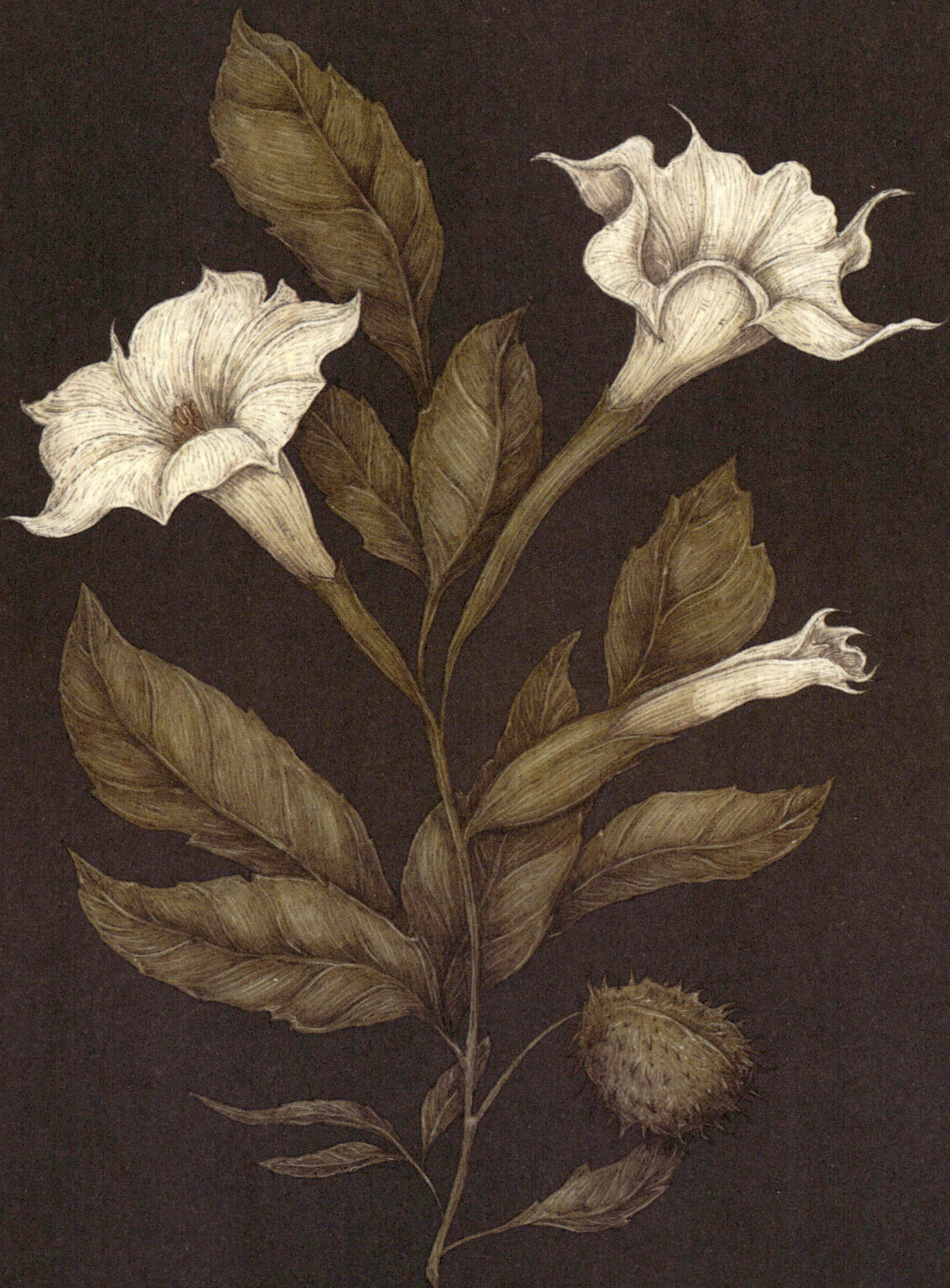

Floriografia

ESTRAMÔNIO
Datura

Significado:
Encantos traiçoeiros

Origem:
Apesar da aparência bela e encantadora, o estramônio é extremamente venenoso quando ingerido. Também conhecida no continente europeu como "erva-do-diabo", diz-se que a flor era usada nos rituais de bruxaria realizados na Europa, como um ingrediente para a feitura do unguento que permitia às bruxas voarem em suas vassouras.

Combina com...
Losna, para um amante rejeitado.

Cardo, para consolar um amigo que esteja passando por um término de relacionamento.

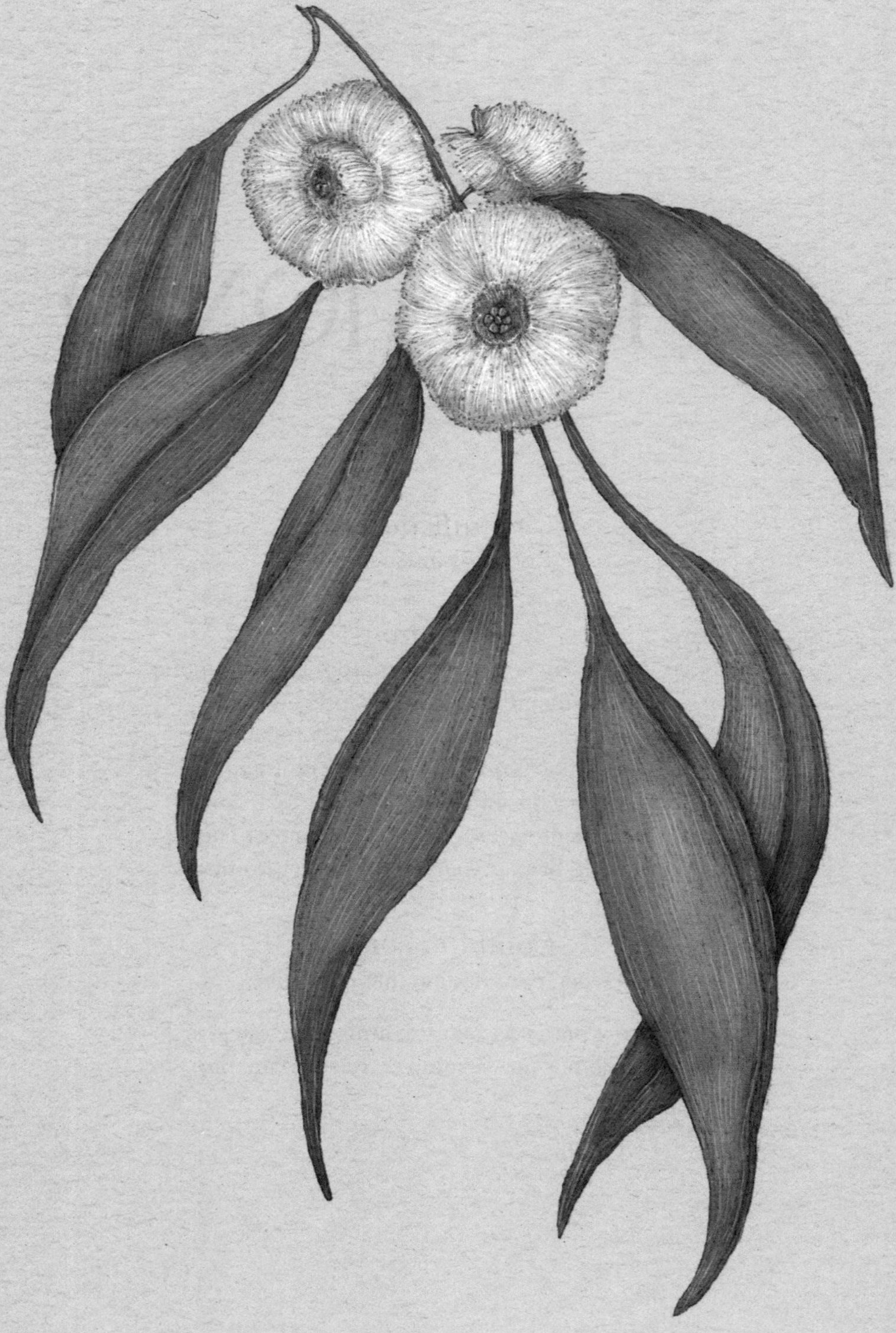

Floriografia

Eucalipto
Eucalyptus

Significado:
Proteção

Origem:
Os povos aborígenes usavam o óleo de eucalipto para desinfetar ferimentos, aliviar e tratar vários males, e para prevenir doenças. Em 1788, Charles Louis L'Héritier de Brutelle nomeou a planta a partir dos radicais gregos *eu* e *kalyptós*, traduzidos como "bem" e "coberto", que novamente sugerem prevenção e proteção.

Combina com...
Urze, para desejar boa sorte a um amigo que esteja embarcando em uma jornada.

Cenoura-silvestre, para desejar ao destinatário viagens seguras.

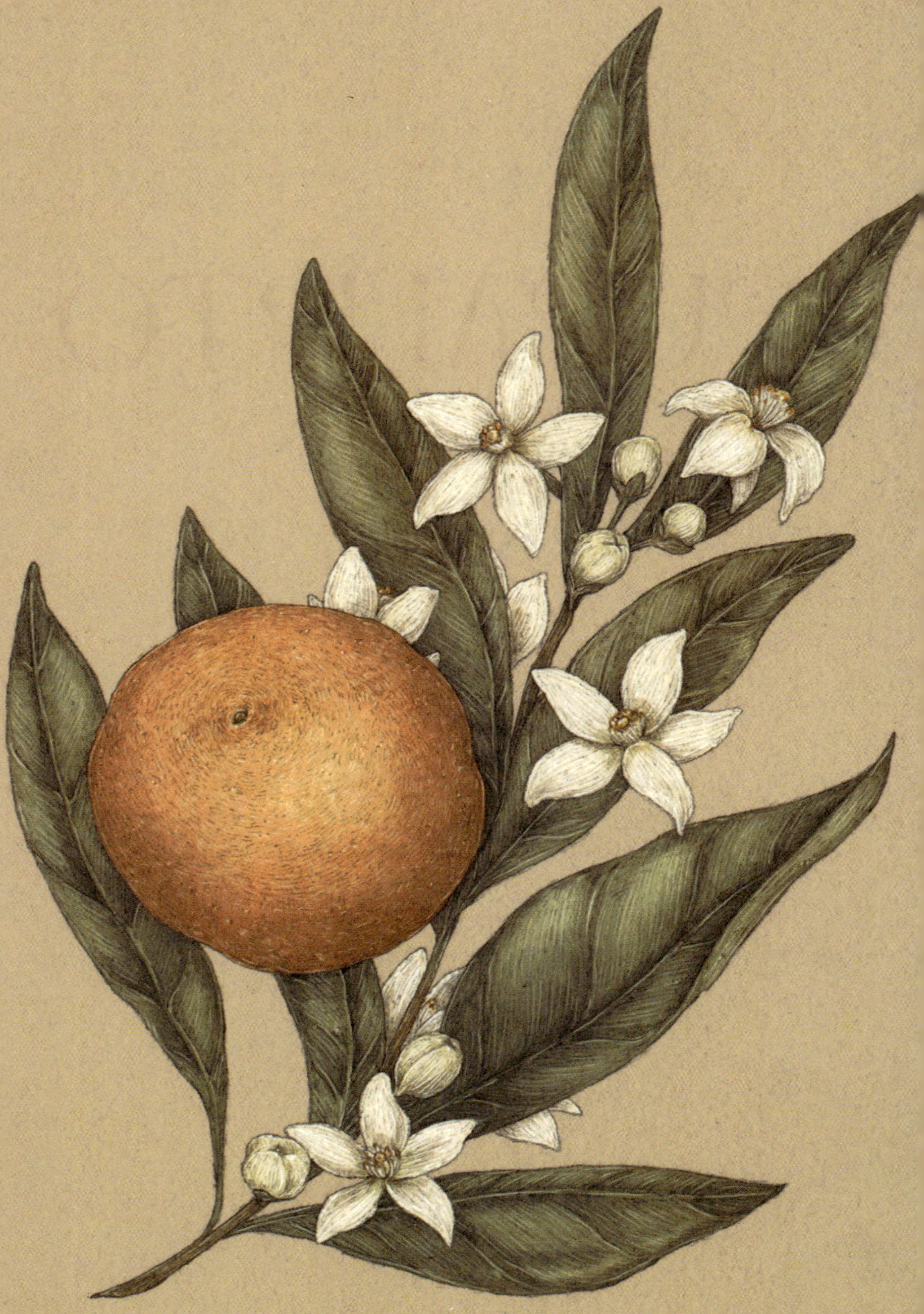

FLORIOGRAFIA

FLOR-DE--LARANJEIRA

Citrus sinensis

Significado:
Amor eterno

Origem:
A flor-de-laranjeira foi uma das flores de casamento mais populares durante a era vitoriana; de cerimônias simples até bailes extravagantes, quase todos os casamentos exibiam a flor-de-laranjeira. Quando a rainha Vitória se casou com o príncipe Albert, em 1840, ela vestiu uma grinalda de flores-de-laranjeira. A associação desta flor com o amor eterno pode ser atribuída à Grécia Antiga: quando Hera se casou com Zeus, ela recebeu flores-de-laranjeira de Gaia, a antiga deusa da terra e da fertilidade.

Combina com...
Corniso, para felicitar um aniversário após um ano difícil.

Hera, para confirmar um relacionamento duradouro.

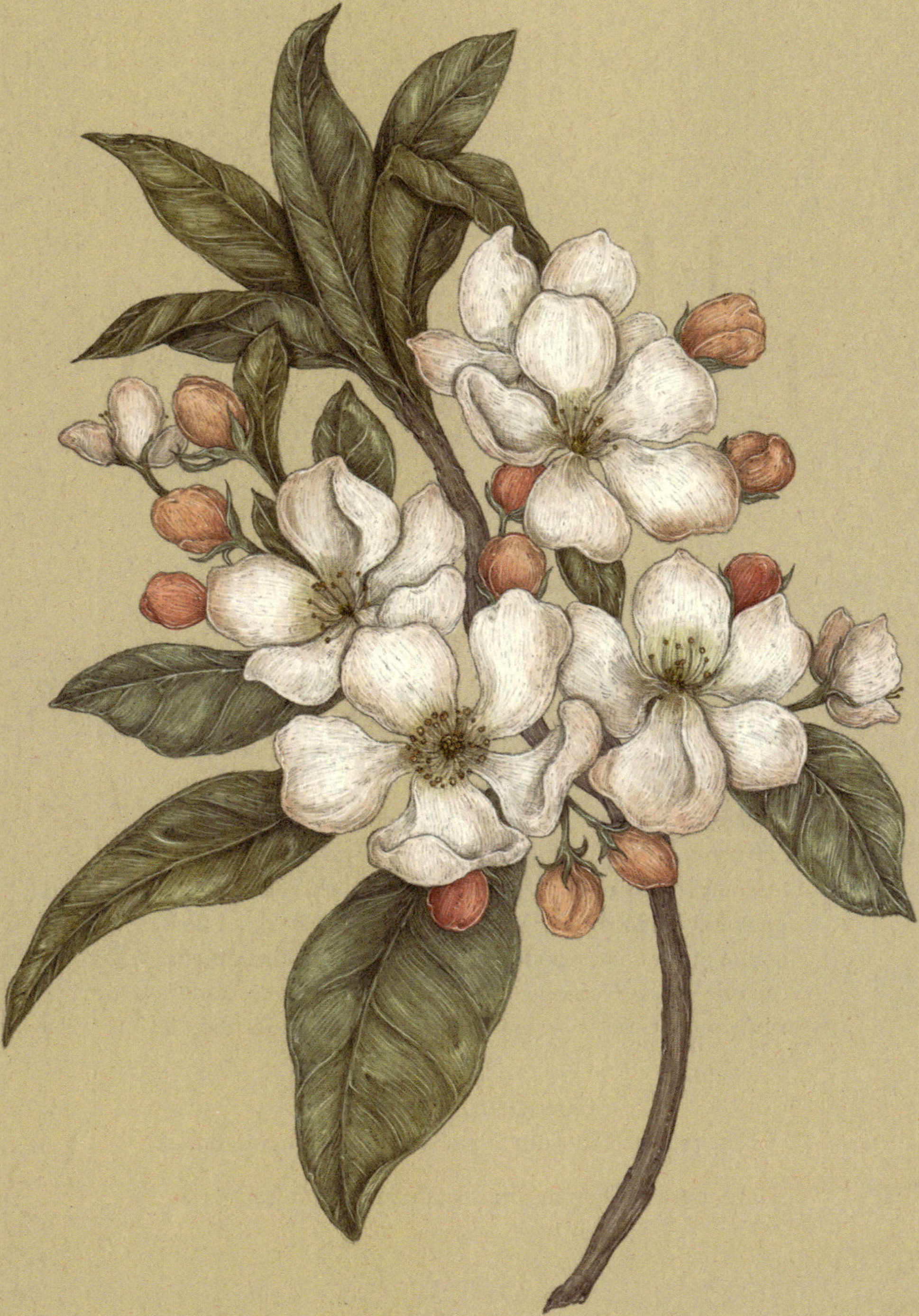

Floriografia

FLOR-DE-MAÇÃ
Malus

Significado:
Escolha

Origem:
A conexão entre a maçã e a escolha vem da fábula do Pomo da Discórdia. Não tendo sido convidada para o casamento de Peleu e Tétis, no Olimpo, Éris, a deusa da discórdia, enviou anonimamente à festa uma linda maçã de ouro. A maçã portava a inscrição "Para a mais bela", e as deusas Hera, Atena e Afrodite reivindicaram esse título. Zeus deu a Páris de Troia a tarefa de decidir qual das três deusas receberia a maçã. Ele acabou escolhendo Afrodite, depois que ela lhe prometeu o amor de Helena de Esparta, a mulher mais bela do mundo. Como Helena já era casada com o rei Menelau, a escolha de Páris causou a Guerra de Troia.

Combina com...
Amor-perfeito, para mostrar ao presenteado que você está pensando nele.

Zínia, para presentear seu melhor amigo.

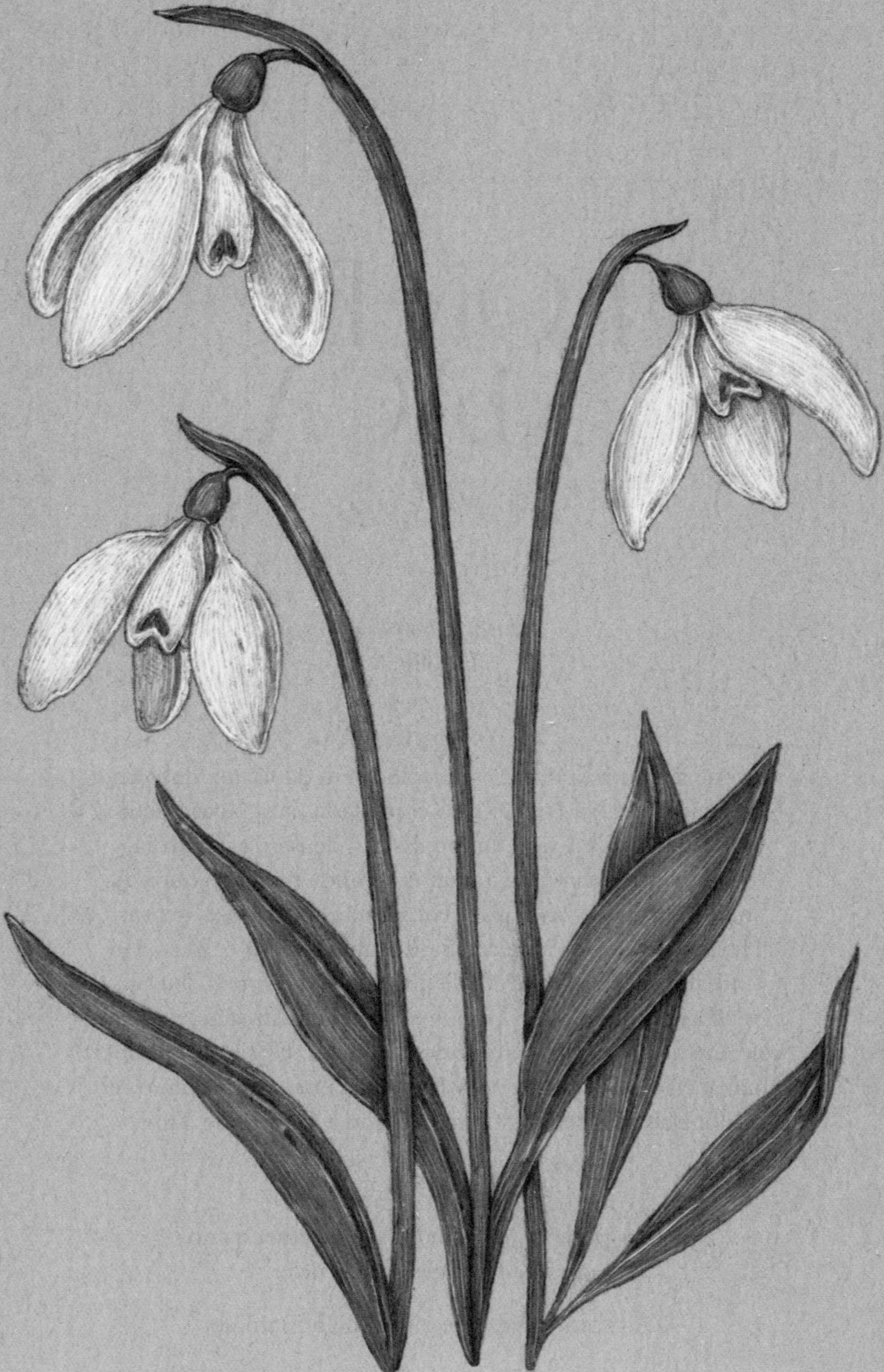

Floriografia

FURA-NEVE
Galanthus

Significados:
Consolo

Esperança

Origem:
Uma das primeiras flores a desabrochar no inverno europeu, a brilhante fura-neve é um sinal de que a primavera está chegando, assim como uma guinada em direção a dias melhores e mais fáceis. Os vitorianos adoravam essa flor única, mas consideravam perigoso tê-la dentro de casa, situação em que era portadora de mau agouro, possivelmente até de um prenúncio de morte.

Combina com...
Cravo, para consolar um coração partido.

Visco, para indicar resistência em tempos difíceis.

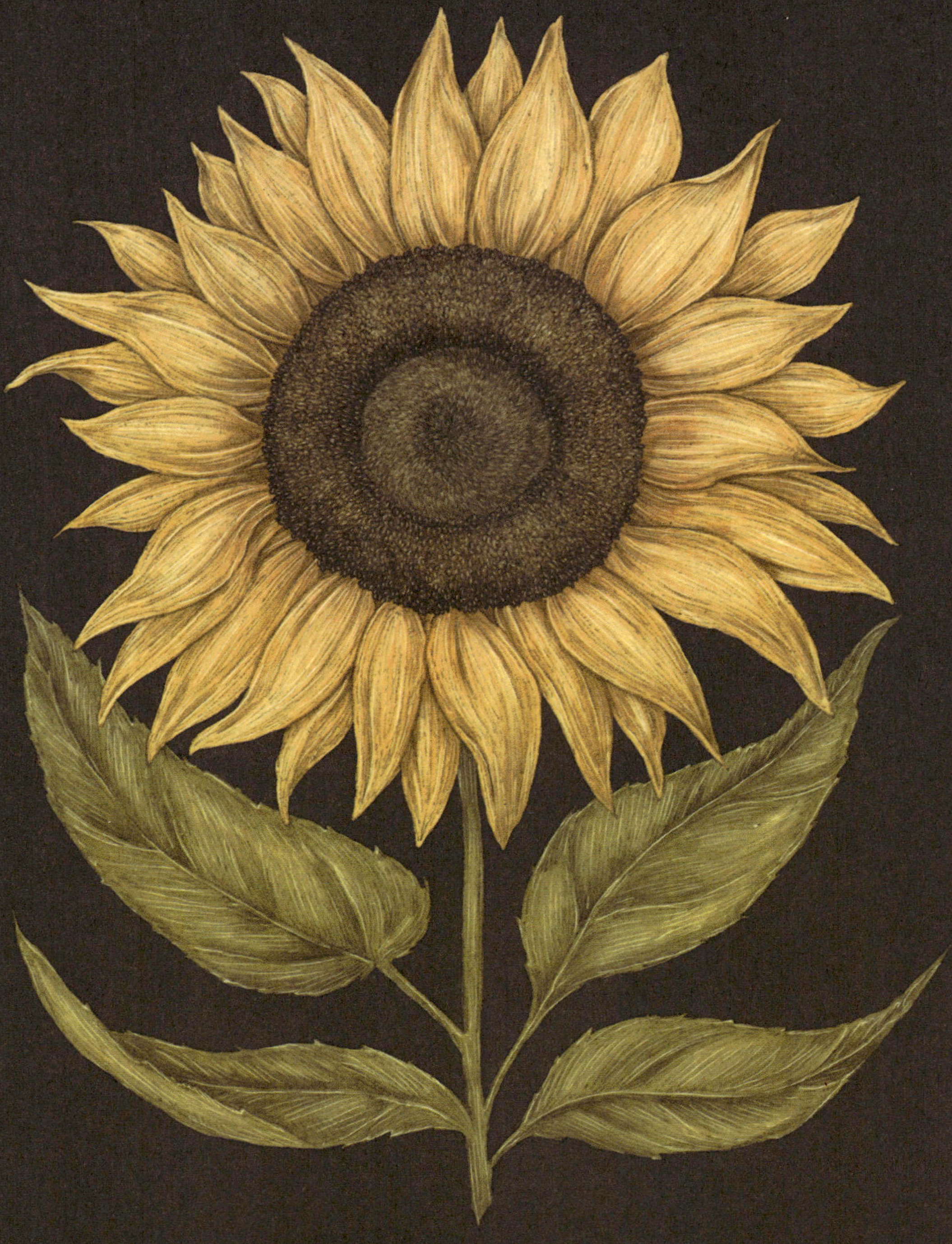

FLORIOGRAFIA

GIRASSOL
Helianthus

Significado:
Falsas riquezas

Origem:
Os antigos incas acreditavam que esta grande flor amarela simbolizava o deus do sol, Inti, e decoravam seus corpos e templos com joias de ouro em forma de girassol. Quando os colonizadores espanhóis chegaram, ficaram impressionados com essa abundância de riquezas e, quando avistaram um campo de girassóis, a princípio acreditaram que haviam literalmente encontrado um tesouro. Esse erro levou à associação da flor com "falsas riquezas".

Combina com...
Jacinto-dos-campos e aquilégia, para expressar humildade em relação a comportamentos tolos do passado.

Lavanda, para indicar falta de confiança em um parceiro de negócios.

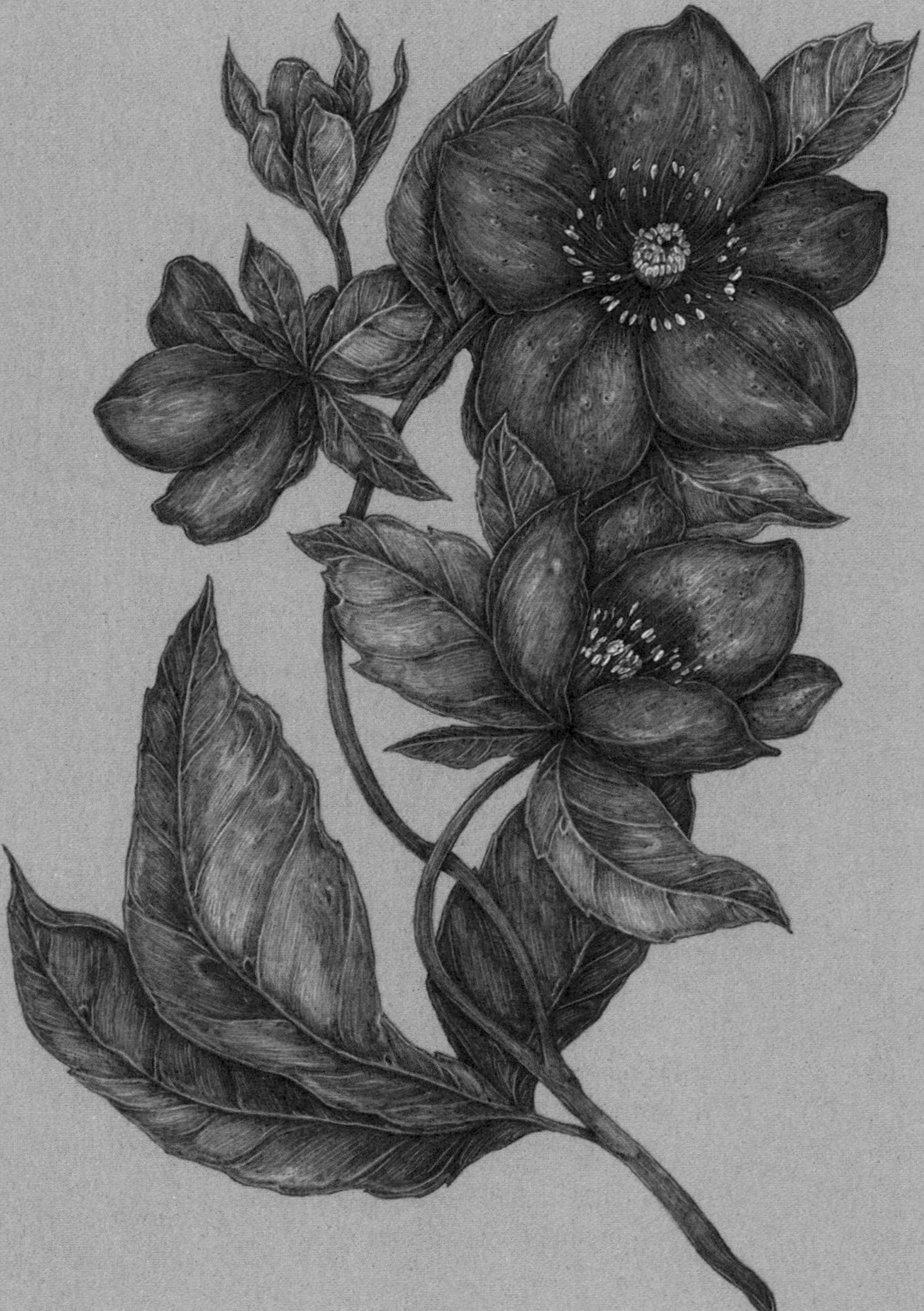

Floriografia

HELÉBORO
Helleborus

Significado:
Vamos superar o escândalo e a calúnia

Origem:
Apesar da fama de planta venenosa, o heléboro tem sido usado para fins medicinais. A mitologia grega conta que o adivinho Melampo curou a loucura administrando heléboro, e herbalistas usavam heléboro para tratar vários males na Antiguidade e na Idade Média. Pensava-se que essa curiosa planta, que florescia bem no fim do inverno, pouco antes da chegada da primavera, tinha poderes mágicos e era associada à bruxaria.

Combina com...
Begônia, para se prevenir contra desafios futuros.

Edelvais, para ter coragem diante do que está por vir.

Trevo, para atrair sorte e esperança.

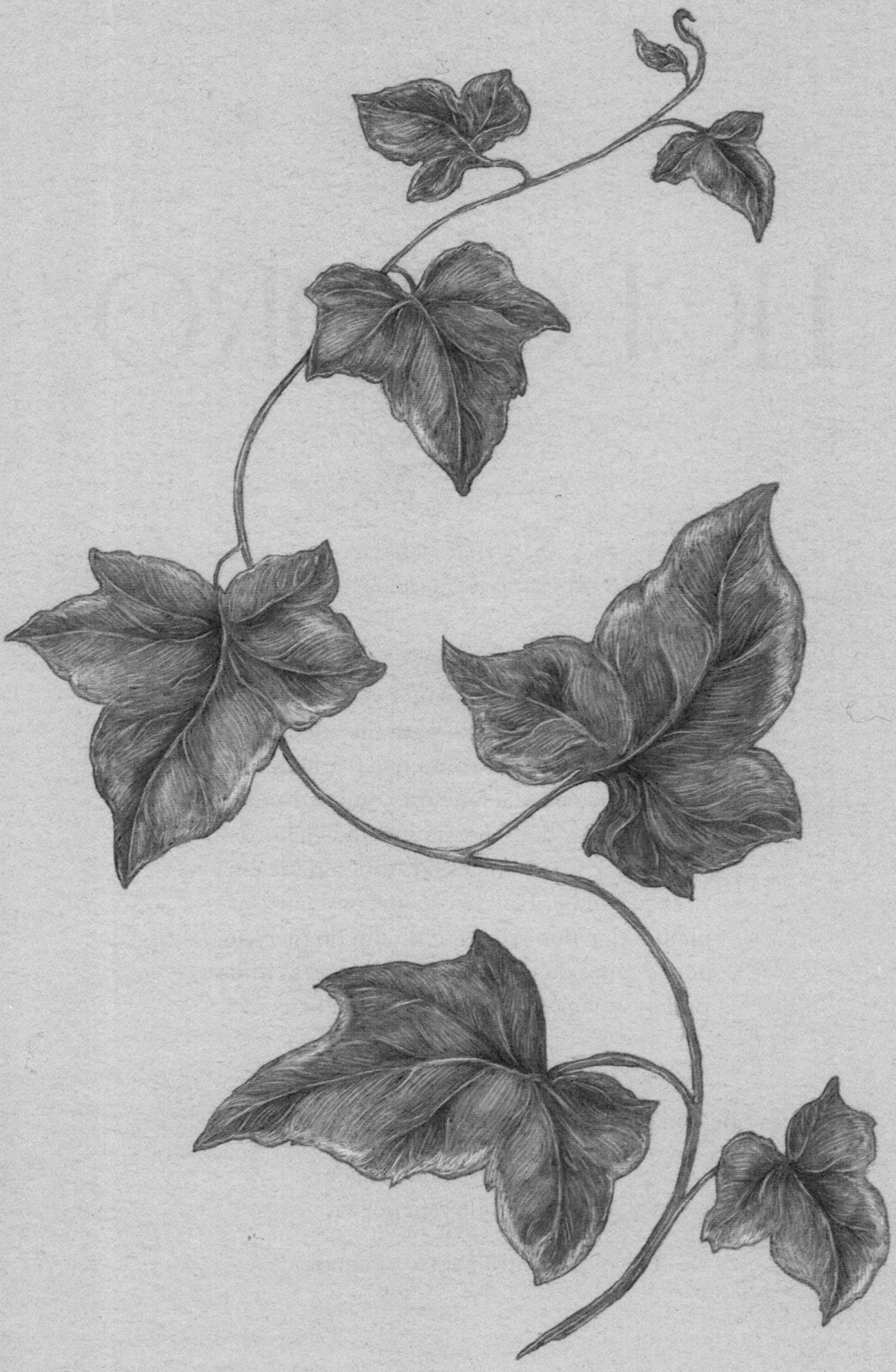

FLORIOGRAFIA

HERA
Hedera

Significados:
Fidelidade

Apego

Origem:
Essa planta trepadeira e folhosa se prende a árvores antigas. Mesmo depois que a árvore morre, a hera permanece apegada a ela, incapaz de se separar de seu eterno enlace.

Combina com...
Dália, para honrar um relacionamento duradouro.

Heléboro, para dizer que nada jamais vai separar você de seu parceiro.

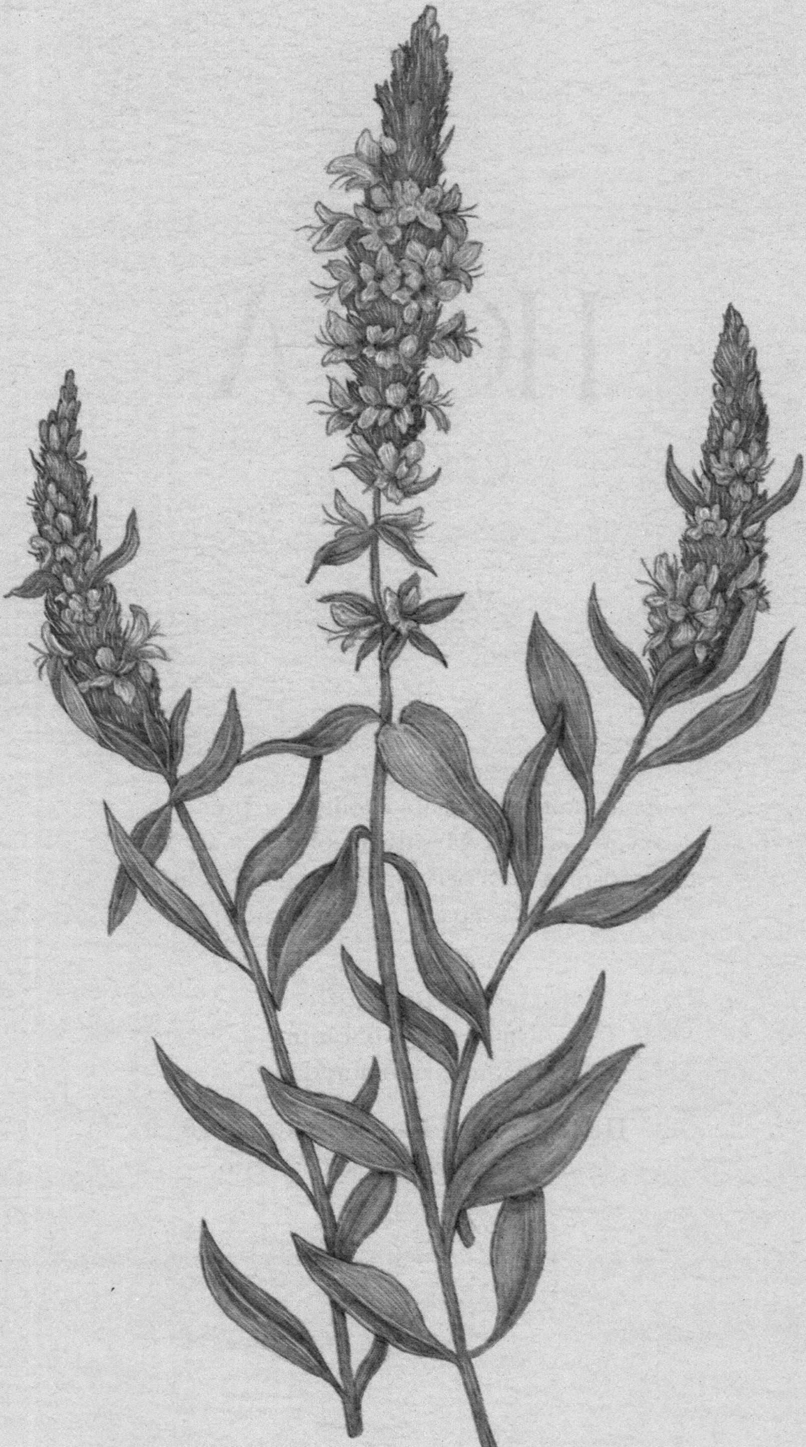

HISSOPO
Hyssopus

Significado:
Limpeza

Origem:
O significado do hissopo remonta da Grécia Antiga, quando a flor era usada para limpar e purificar templos. Nos tempos bíblicos, a planta foi usada para tratar a lepra. Seu aroma refrescante é um ótimo complemento para buquês, simbolizando um novo começo.

Combina com...
Lírio e cenoura-silvestre, para mostrar que você vai manter as coisas limpas e arrumadas quando estiver cuidando da casa de alguém.

Jasmim, para honrar um amigo por seu coração alegre e virtuoso.

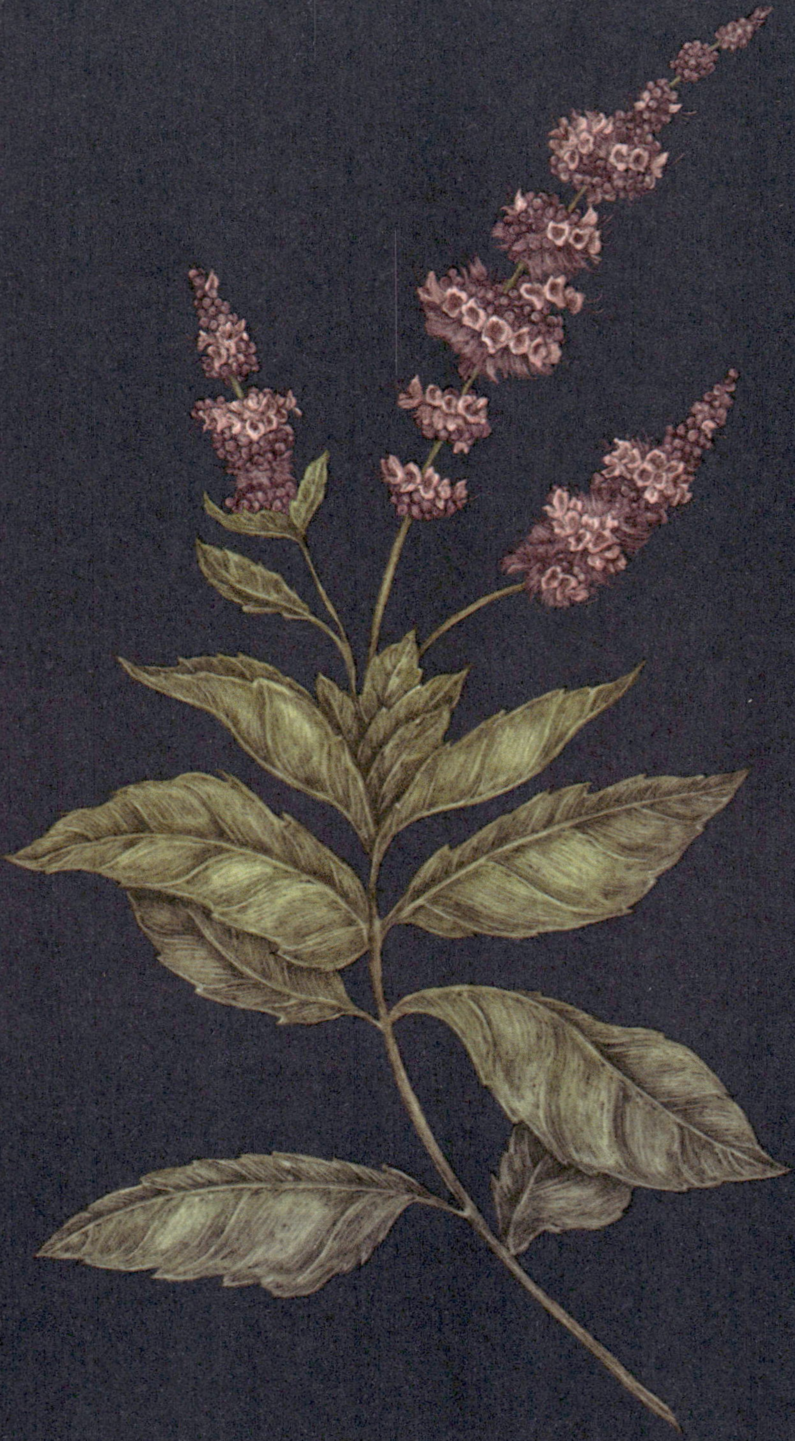

– Floriografia –

HORTELÃ
Mentha

Significado:
Conforto

Origem:
Na mitologia grega, a ninfa Minta se apaixonou por Hades, o deus do submundo. Perséfone, rainha ciumenta e esposa de Hades, transformou Minta nessa erva bastante comum. A hortelã tem sido associada ao consolo e ao luto e foi usada com frequência em ritos funerários para mascarar o odor dos corpos em decomposição. Portanto, apesar de Minta não poder se unir ao deus do submundo, seu consolo foi se transformar em uma planta associada à morte.

Combina com...
Passiflora, para anunciar que você acredita que as coisas vão melhorar.

Centáurea, para dizer a um amigo, em um momento de dificuldade, que você o ama e se preocupa com ele.

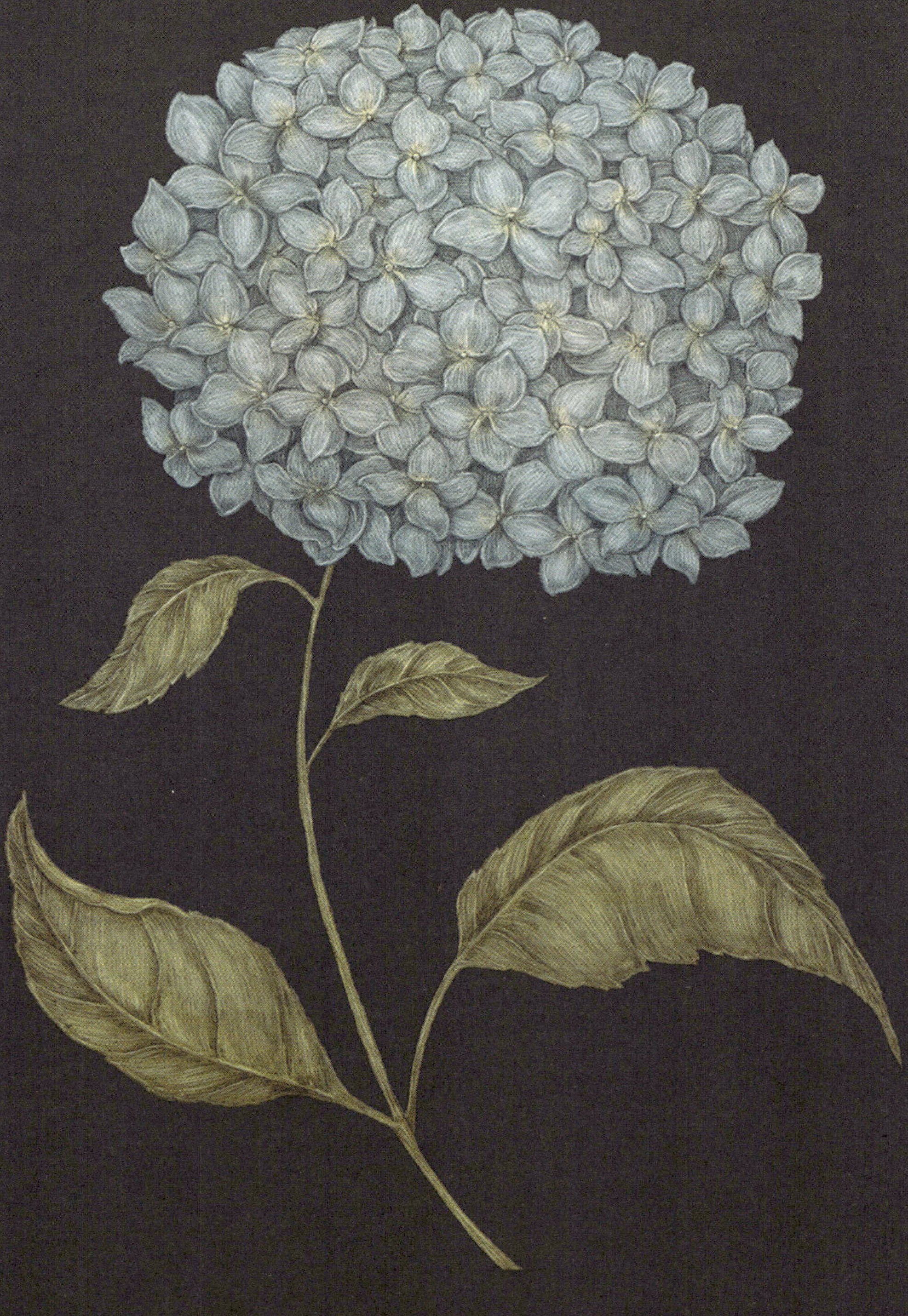

HORTÊNSIA
Hydrangea

Significados:
Ostentação

Crueldade

Origem:
A associação negativa da hortênsia com a ostentação e a crueldade vem de suas flores fartas e arredondadas. Amplas e abundantes, as magníficas flores produzem apenas algumas sementes, sustentando a ideia de que elas exibem mais aparência que conteúdo.

Combina com...
Atanásia e petúnia, para expressar sua insatisfação com acontecimentos recentes.

Samambaia, para garantir a um amigo que você vai guardar o segredo dele.

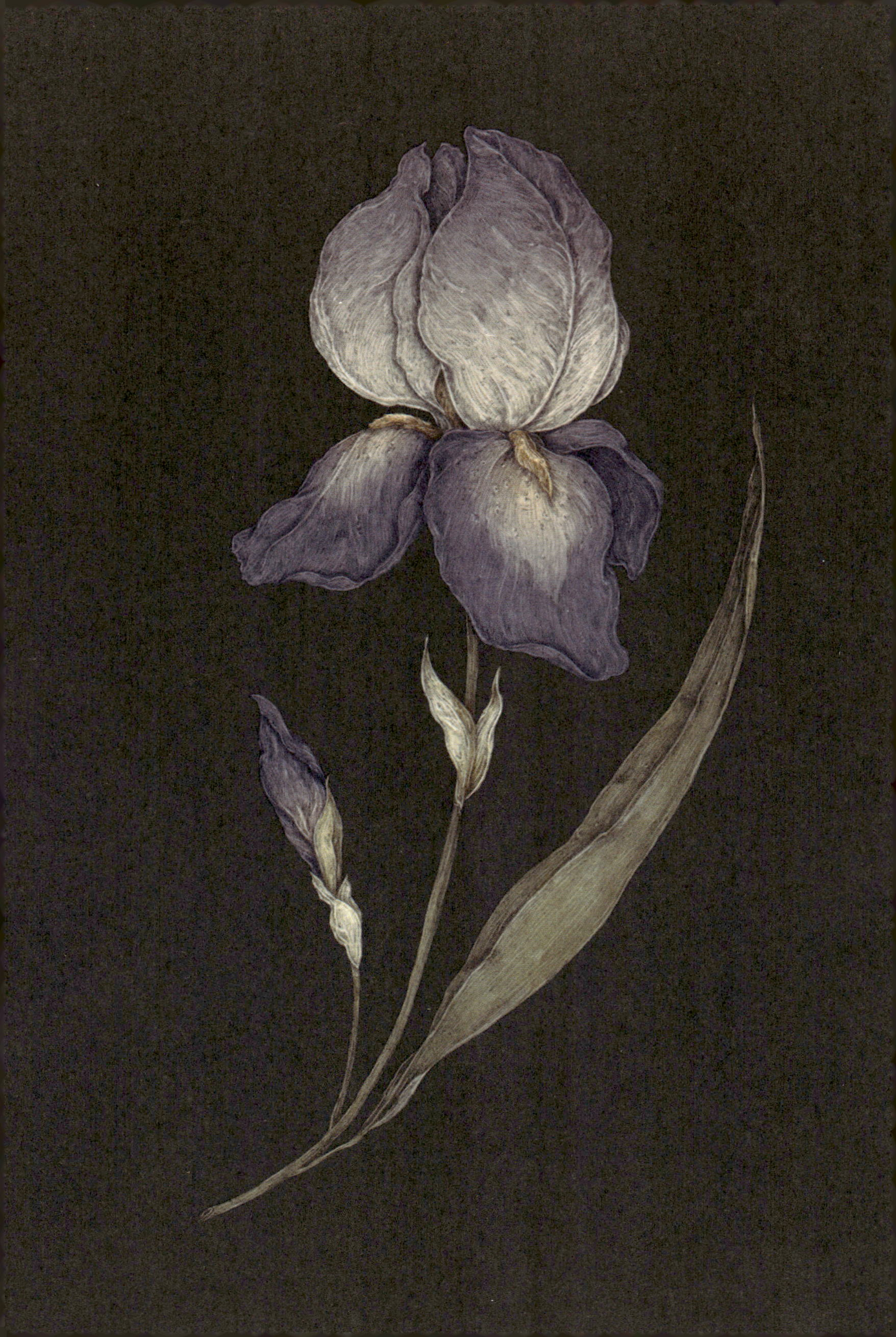

… FLORIOGRAFIA

ÍRIS
Iris

Significados:
Coragem

Sabedoria

Fé

Origem:
Há tempos, a íris tem sido associada ao poder e à vitória: os antigos egípcios a usavam para coroar a fronte da Esfinge. No século V, Clóvis I, rei dos francos, venceu uma batalha importante após avistar írises desabrochando em um rio. Seus soldados se adornaram com as flores, que passaram a representar a coragem, a fé e a sabedoria que os levaram ao sucesso.

Combina com...
Jacinto-dos-campos, para expressar humildade na vitória.

Clematite, para mostrar ao presenteado que você admira sua criatividade.

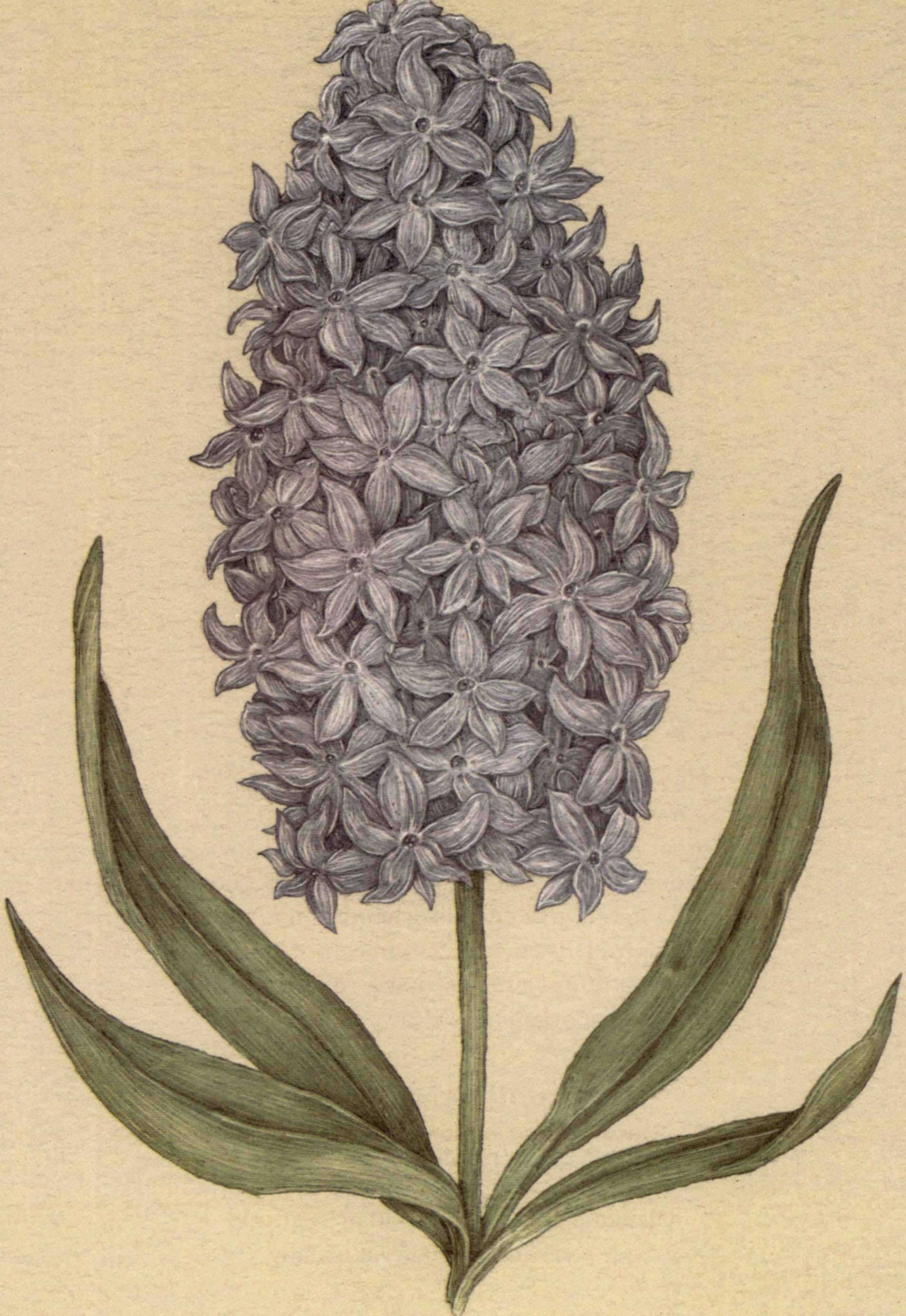

Floriografia

Jacinto
Hyacinthus

Significado:
Perdoe-me, por favor

Origem:
O nome e o significado do jacinto vêm da mitologia grega. Jacinto, um belo jovem, era amado por Apolo. Durante um jogo de lançamento de discos, Zéfiro, com ciúmes, desviou o curso do disco de Apolo, que atingiu Jacinto e o matou. Diz-se que flores de jacinto cresceram do sangue que jorrou de sua cabeça enquanto Apolo implorava por seu perdão.

Combina com...
Oliveira, para pedir paz e perdão.

Amor-perfeito, para expressar que você se arrepende de sua traição.

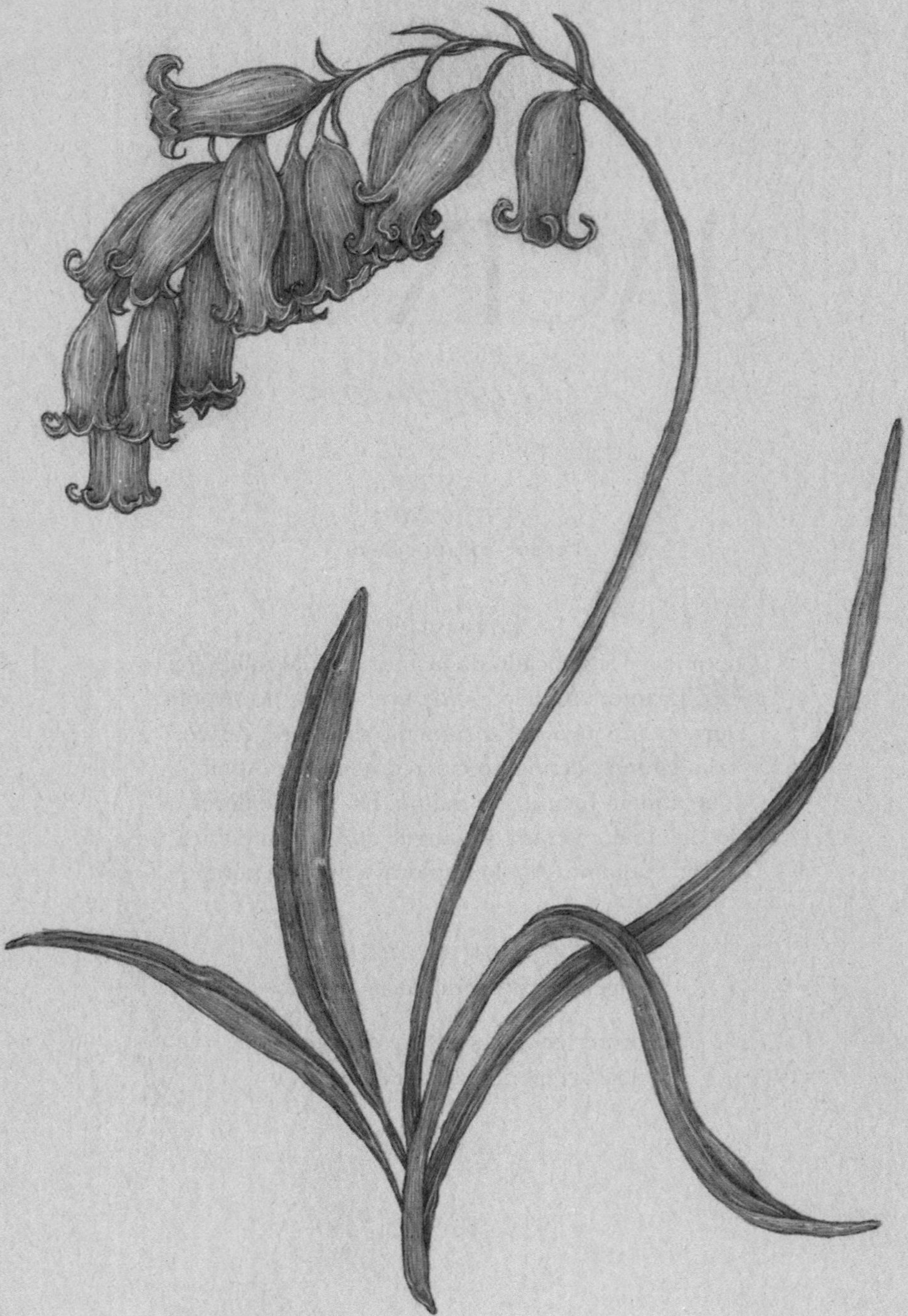

Floriografia

Jacinto-dos-campos
Hyacinthoides

Significados:
Humildade

Lealdade

Origem:
Por sua aparência, esta flor está associada à humildade e à lealdade. De aspecto sereno e em formato de sino, as flores do jacinto-dos-campos se curvam sobre o caule e fogem da luz do sol, como se mostrassem arrependimento.

Combina com...
Peônia, para perdoar a violação de regras sociais.

Passiflora, para presentear alguém que está se preparando para um sacramento religioso.

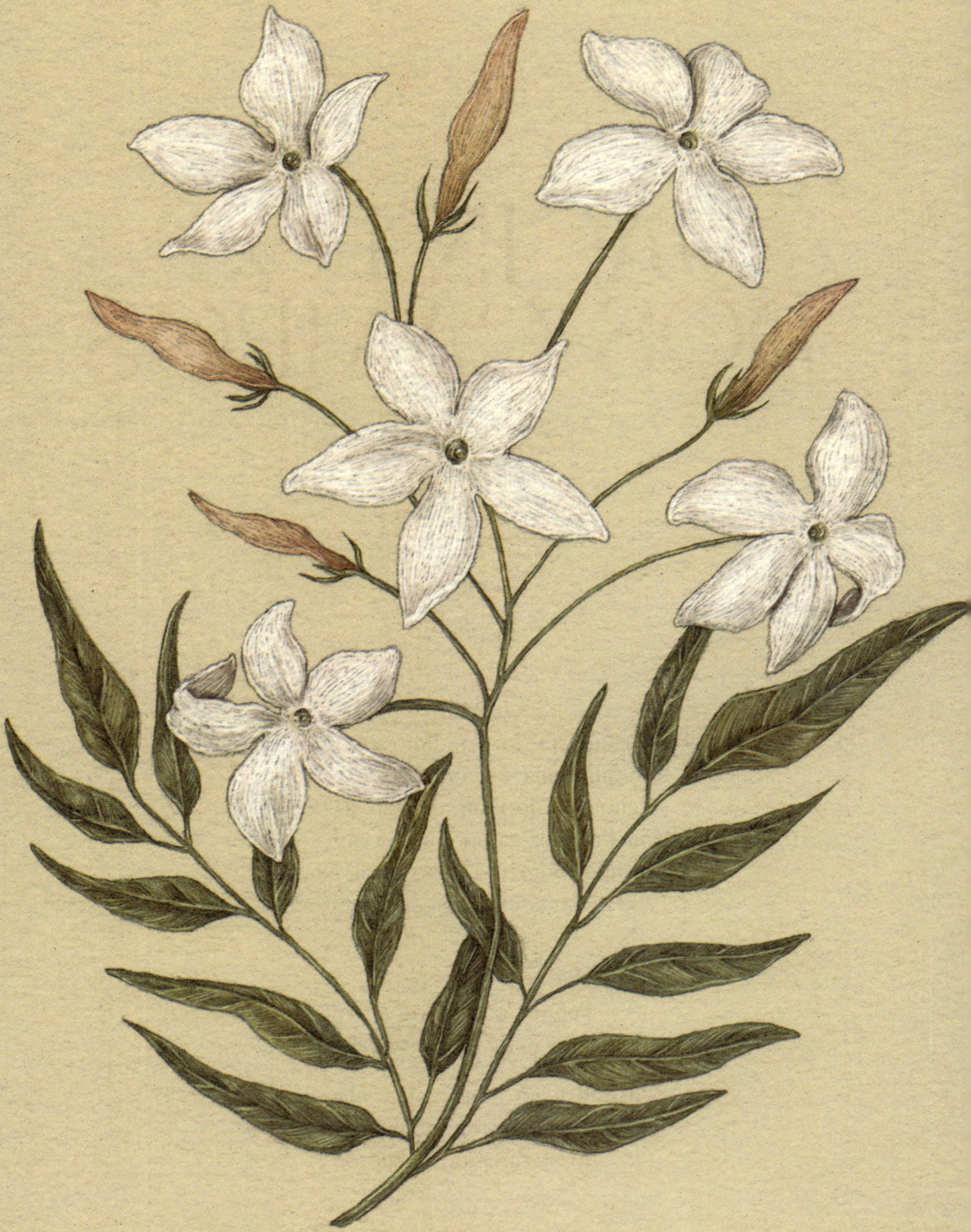

JASMIM
Jasminum

Significados:
Amabilidade

Alegria

Origem:
O perfume leve e agradável do jasmim, aliado ao elegante formato de suas flores, transmite alegria e amabilidade. É muito usado em casamentos e celebrações, especialmente nas Filipinas, no Paquistão e na Indonésia, países de onde a planta é nativa.

Combina com...
Íris, para expressar admiração pela força de caráter de um amigo.

Açafrão, para ofertar a um ente querido gentil, generoso e excepcionalmente alegre.

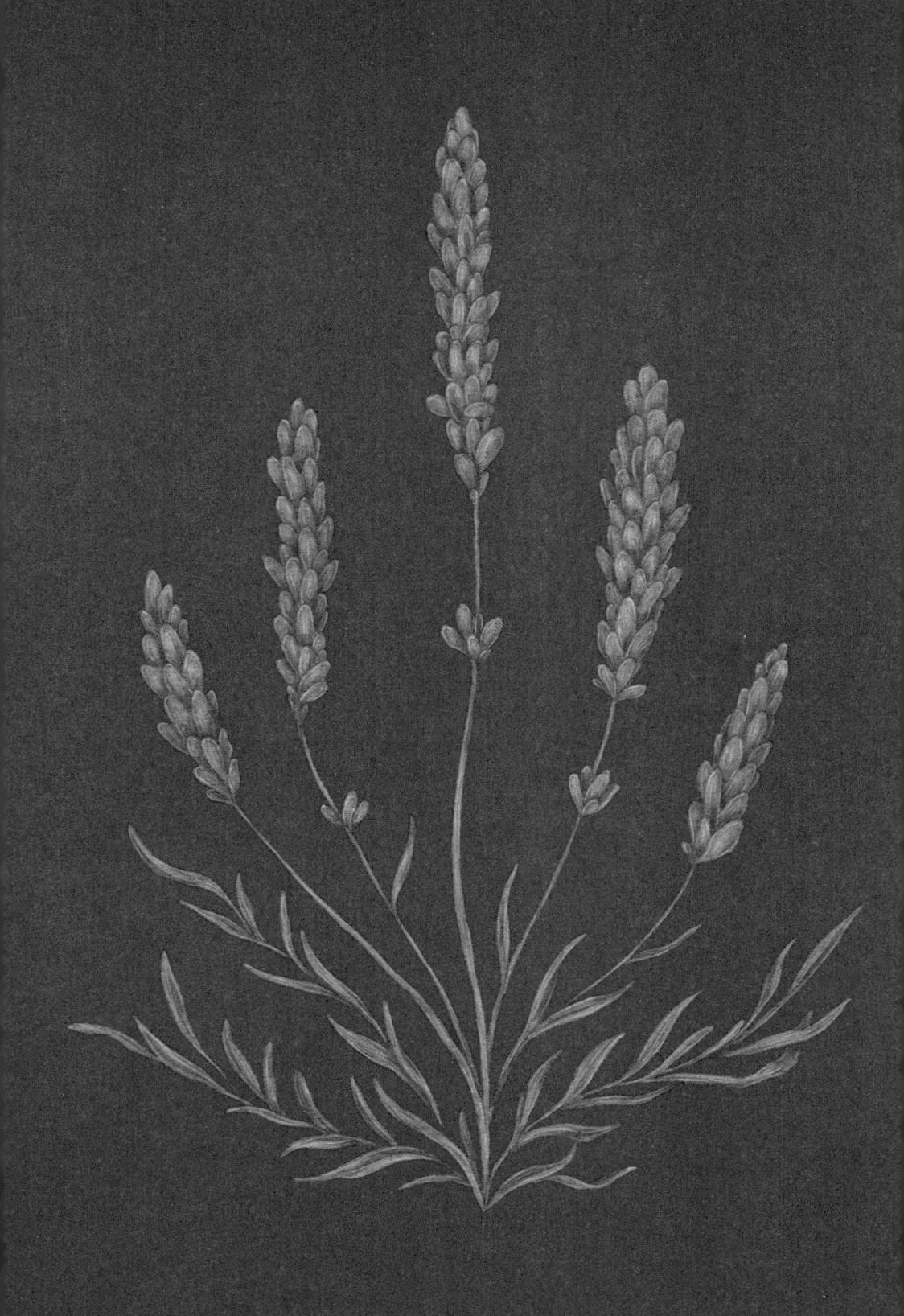

FLORIOGRAFIA

LAVANDA
Lavandula

Significado:
Desconfiança

Origem:
Historicamente, a lavanda crescia em regiões de clima quente, hábitat natural de cobras venenosas. Atraídos pela bela e perfumada flor, muitos curiosos acabaram morrendo em virtude da picada dessas cobras.
Há quem diga que a áspide que matou Cleópatra estava escondida em um campo de lavandas.

Combina com...
Dedaleira, para encorajar um amigo a reconsiderar as próprias escolhas.

Estramônio, para demonstrar a alguém que você consegue ver o que há por trás da fachada dessa pessoa.

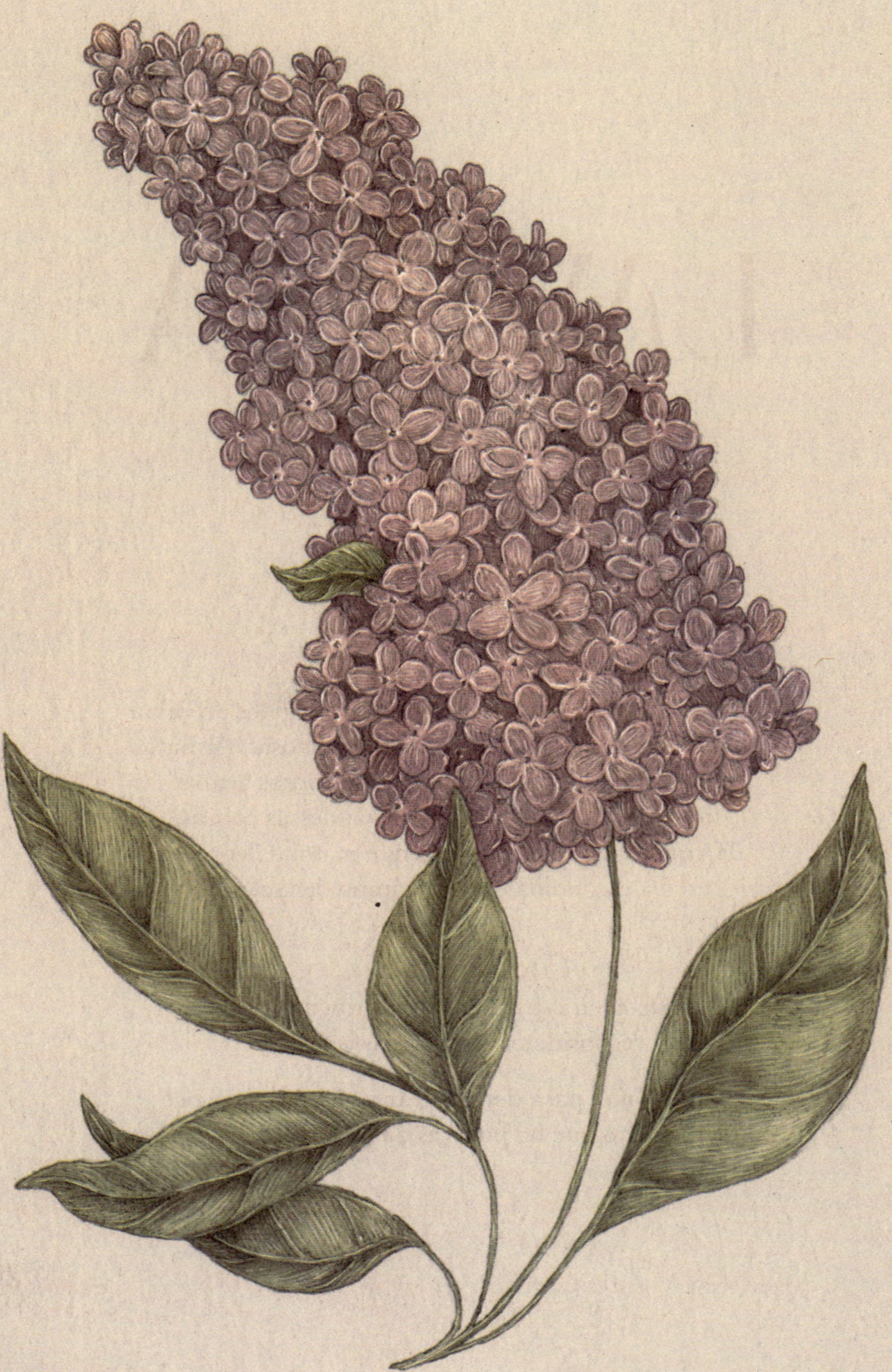

LILÁS

Syringa

Significados:
Primeiro amor

Lembrança

Origem:
Na mitologia grega, Pã, o deus das florestas, apaixonou-se por Syrinx, uma ninfa conhecida por sua castidade. Temerosa e cansada de fugir de Pã, Syrinx se transformou em um arbusto de lilases. Ao encontrar o arbusto, Pã cortou seus juncos para fazer uma flauta — a flauta de Pã —, como uma forma de não se esquecer de seu primeiro amor. As viúvas da era vitoriana frequentemente usavam lilás quando estavam de luto por seus maridos.

Combina com...
Acônito, para homenagear seu primeiro e verdadeiro amor.

Tulipa, para declarar a primeira paixão.

Margarida e áster, para exprimir a pureza e a inocência do primeiro amor.

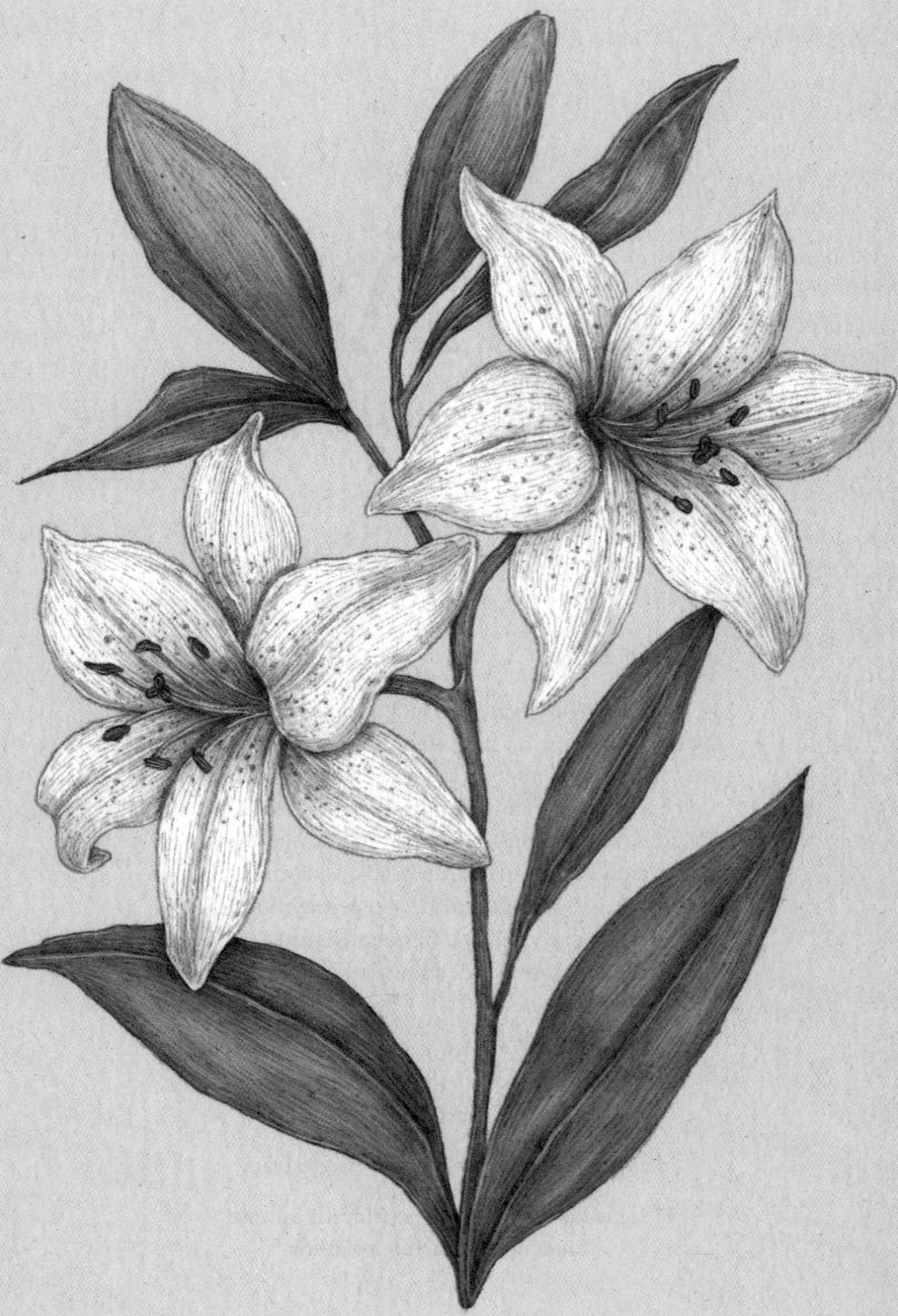

FLORIOGRAFIA

LÍRIO
Lilium

Significado:
Pureza

Origem:
Na Idade Média, o lírio passou a ser associado à Virgem Maria. Pinturas da Anunciação — o anúncio feito pelo anjo Gabriel a Maria de que ela conceberia e daria à luz Jesus — frequentemente mostram Gabriel dando um lírio à Virgem Santa, para honrar sua pureza.

Combina com...
Flor-de-laranjeira, para comemorar um aniversário de casamento.

Cravina, para reverenciar um ato de pura generosidade.

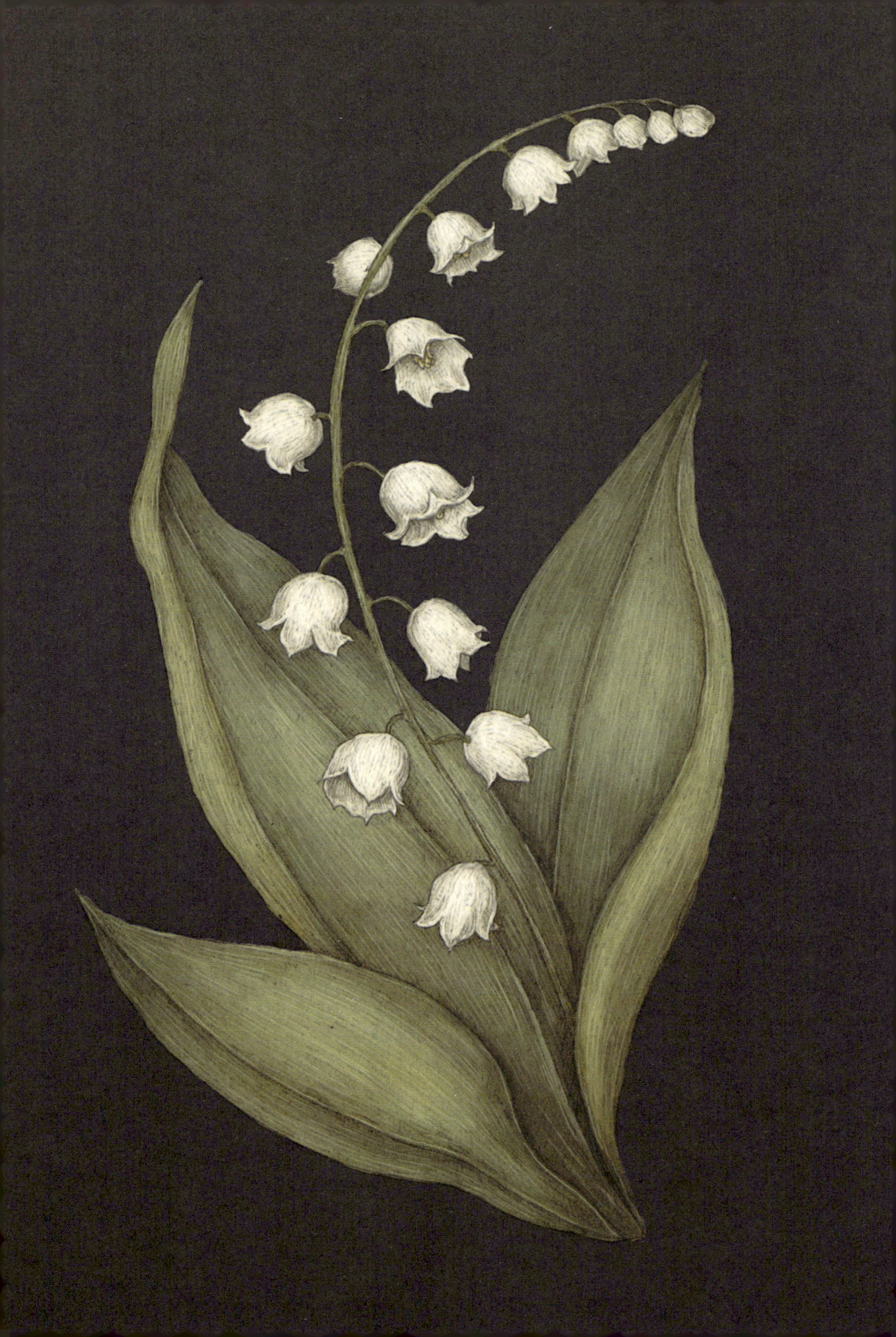

… FLORIOGRAFIA …

LÍRIO-DO-VALE
Convallaria

Significado:
Retorno da felicidade

Origem:
Diz-se que São Leonardo, um eremita que vivia nas florestas de West Sussex, matou o último dragão da Inglaterra. Segundo a lenda, os lugares em que São Leonardo lutou com o dragão são marcados por lírios-do-vale, que cresceram onde o sangue do santo foi derramado. Após derrotar o dragão, São Leonardo retomou sua vida de feliz reclusão.

Combina com...
Protea, para desejar que uma situação melhore.

Milefólio, para ajudar a apaziguar um coração partido.

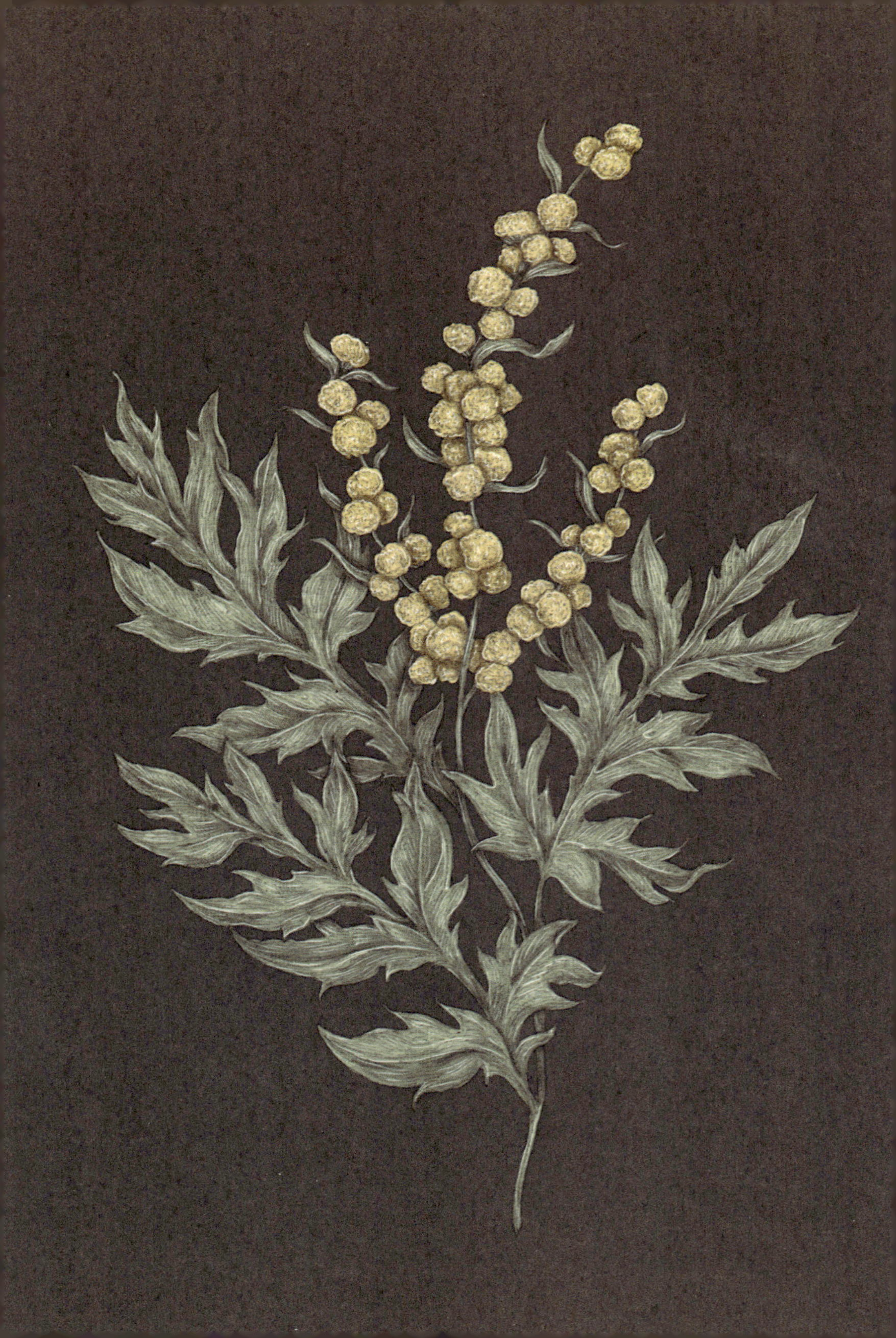

Floriografia

LOSNA
Artemisia absinthium

Significado:
Amargor

Origem:
A losna, ou absinto, tem uma longa história de associação com o amargor. Os gregos a chamavam de *absinthium*, que se traduz como "amargo". Na Bíblia, a losna é mencionada várias vezes, sempre fazendo alusão ao amargor. No livro do Apocalipse, está escrito que uma grande estrela, chamada Absinto, cairá do céu e amargará um terço de toda a água do mundo, disseminando a morte.

Combina com...
Estafiságria e jacinto, para dizer a uma pessoa que as coisas não estão tão ruins quanto ela pensa.

Beladona, para dizer a um amigo que você vai respeitar as decisões dele.

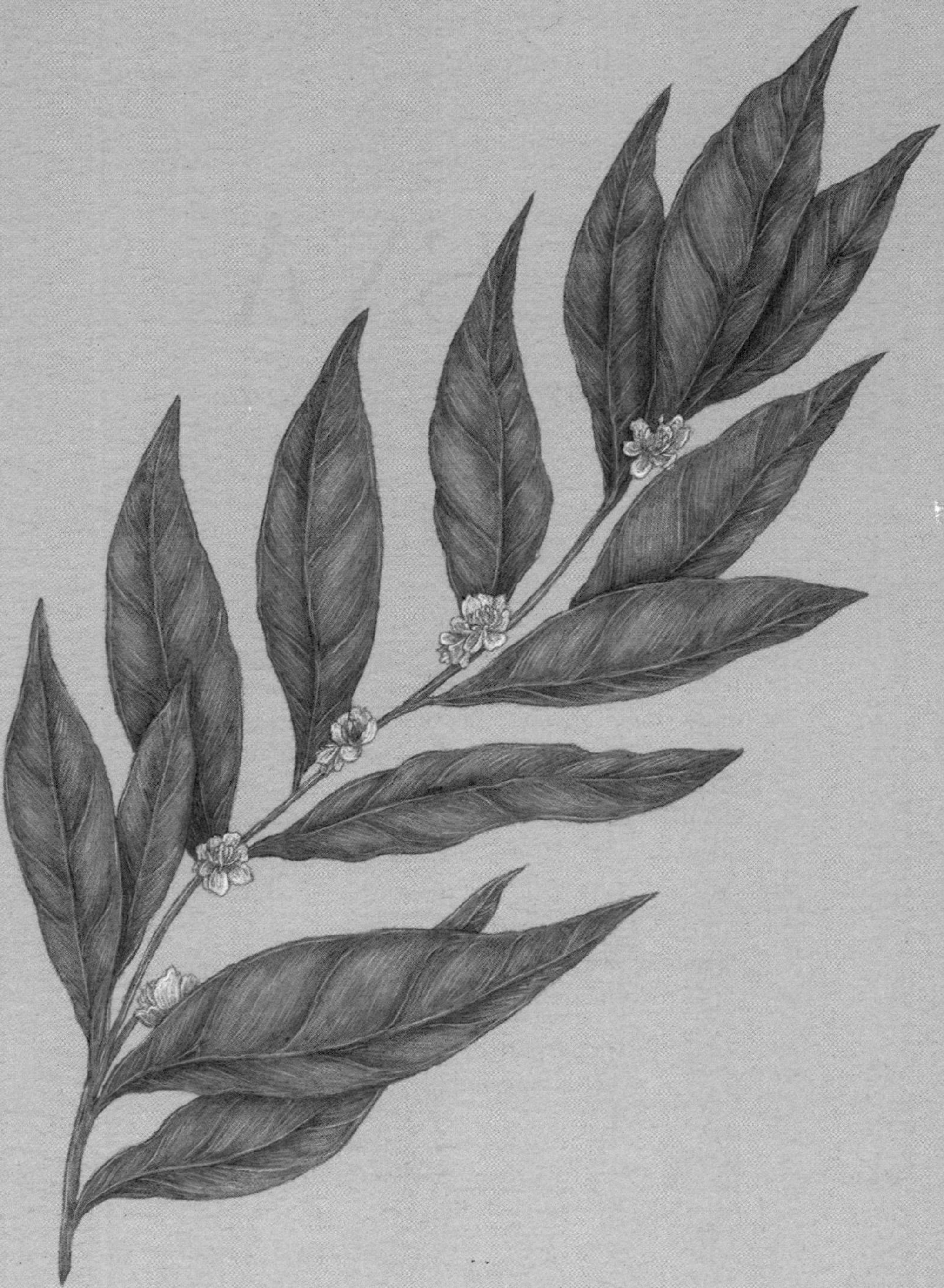

LOURO

Laurus

Significados:
Glória

Vitória

Sucesso

Origem:
Na Grécia Antiga, os vencedores das olímpiadas eram coroados com guirlandas de louro, tradição iniciada com o deus grego Apolo. Perseguida por este deus, a ninfa Dafne implorou a seu pai, Peneu, para protegê-la. Atendendo ao apelo da filha, Peneu a transformou em um loureiro. Diante da tristeza de Apolo com sua transformação, Dafne o coroou com suas folhas.

Combina com...
Carvalho e edelvais, para transmitir coragem em terras desconhecidas.

Camomila, para enviar boas energias para superar as dificuldades.

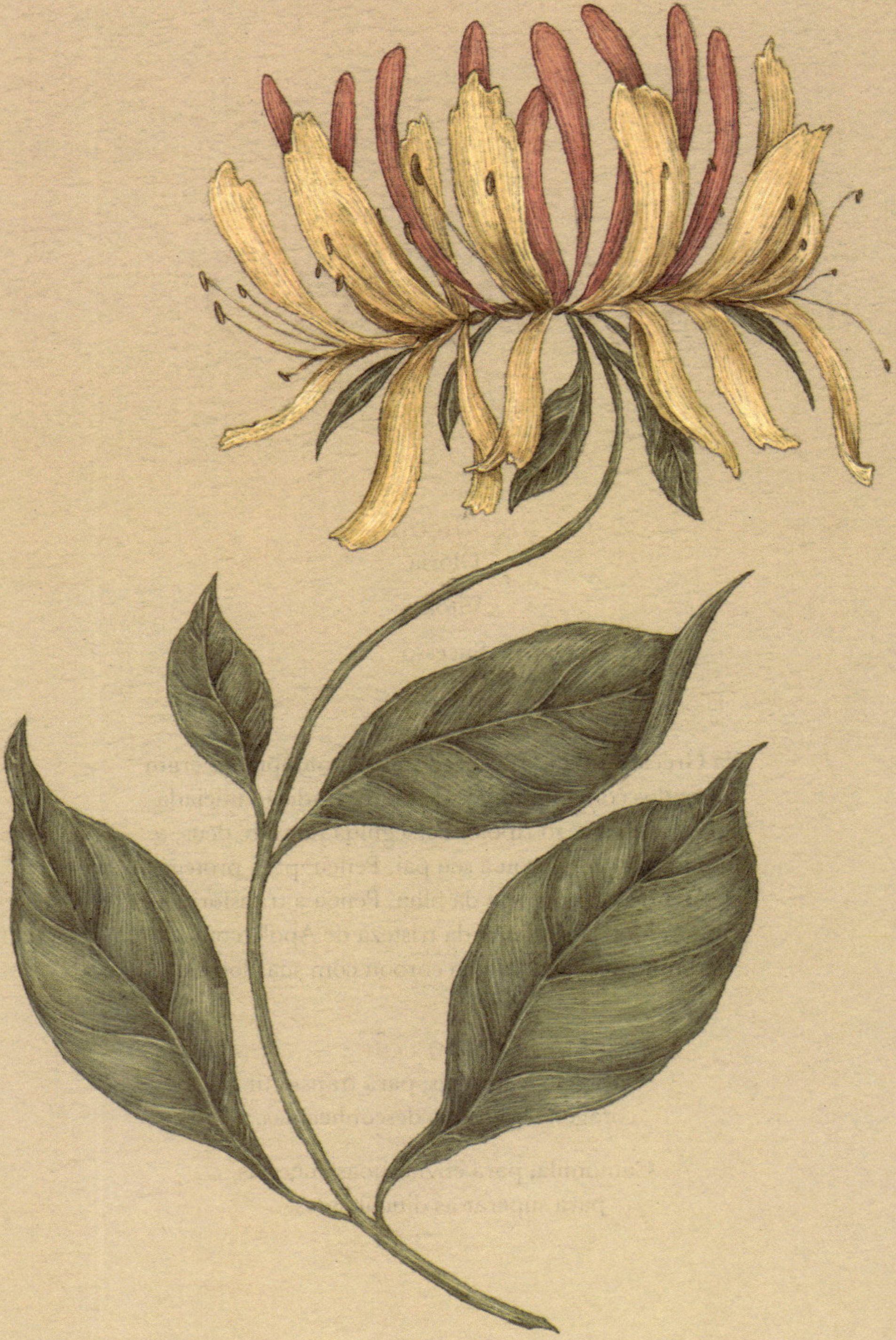

MADRESSILVA
Lonicera

Significados:
Devoção

Afeto

Origem:
Os vitorianos afirmavam que dormir com flores de madressilva debaixo do travesseiro faria você sonhar com o seu verdadeiro amor. Essa crença pode ter se originado na obra *Sonho de Uma Noite de Verão*, de Shakespeare. Quando a rainha Titânia compara seu sono com o do humilde Bottom, ela alude ao modo como uma doce madressilva envolve um olmo: "Dorme, amor, que eu te terei em meus braços... Assim como a videira, a doce madressilva/ Gentilmente enrosca e assim como hera/ Enreda seus dedos famintos no olmo./ Ah, como vos amo! Como vos adoro!".

Combina com...
Orquídea, para expressar gratidão por um presente que você valoriza.

Centáurea, para demonstrar devoção e fidelidade a quem você ama.

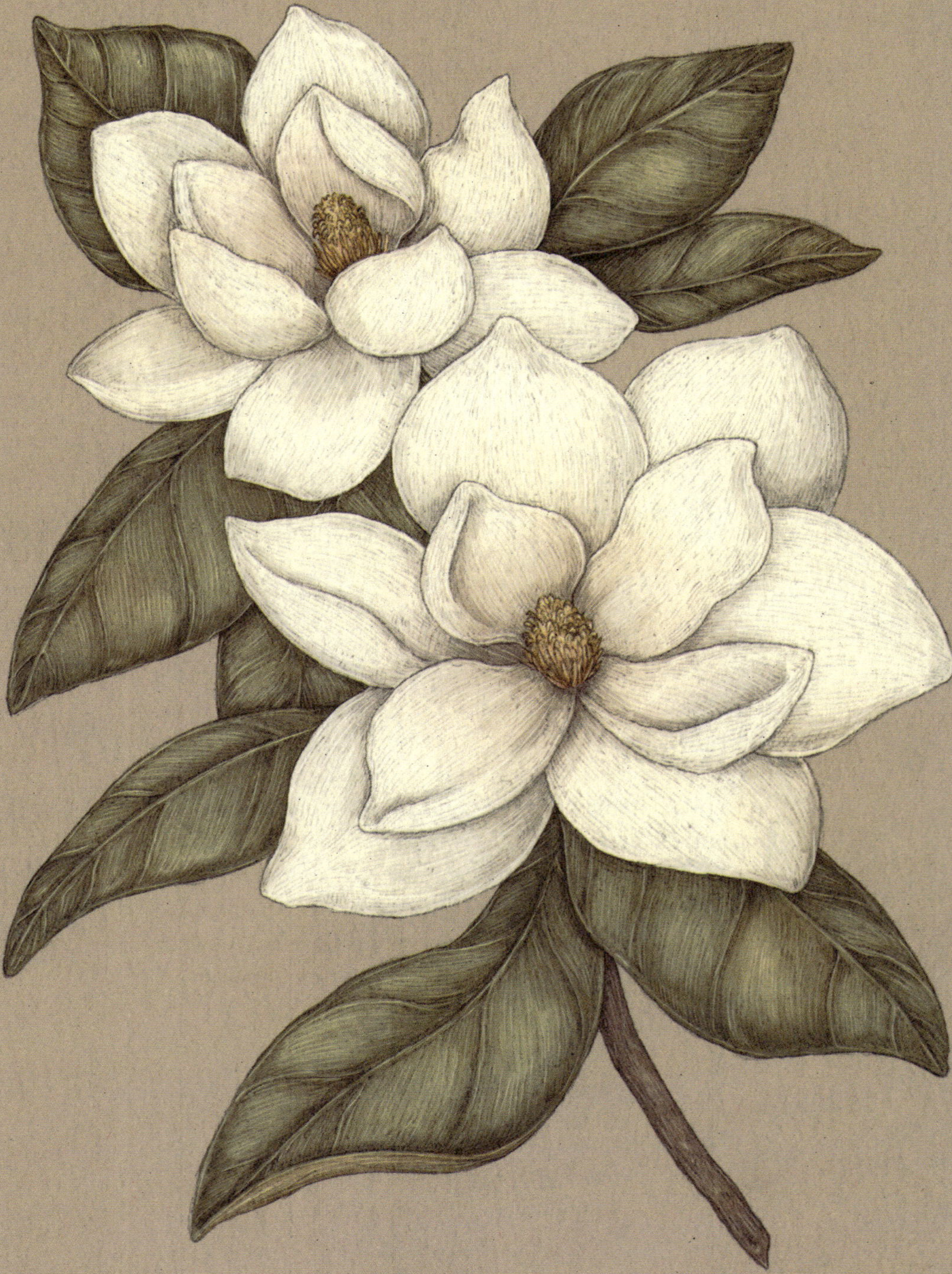

FLORIOGRAFIA

MAGNÓLIA
Magnolia

Significado:
Dignidade

Origem:
A magnólia é uma árvore que emana autoridade em virtude da estrutura alta e generosa, folhas abundantes e enceradas, e flores largas e brancas. Estas últimas são frequentemente associadas à região Sul dos Estados Unidos, onde as árvores alcançam alturas magníficas e suportam verões escaldantes.

Combina com...
Beladona, para pedir a um amigo que guarde seu segredo.

Oliveira, para lembrar o agraciado de manter a própria dignidade em situações difíceis.

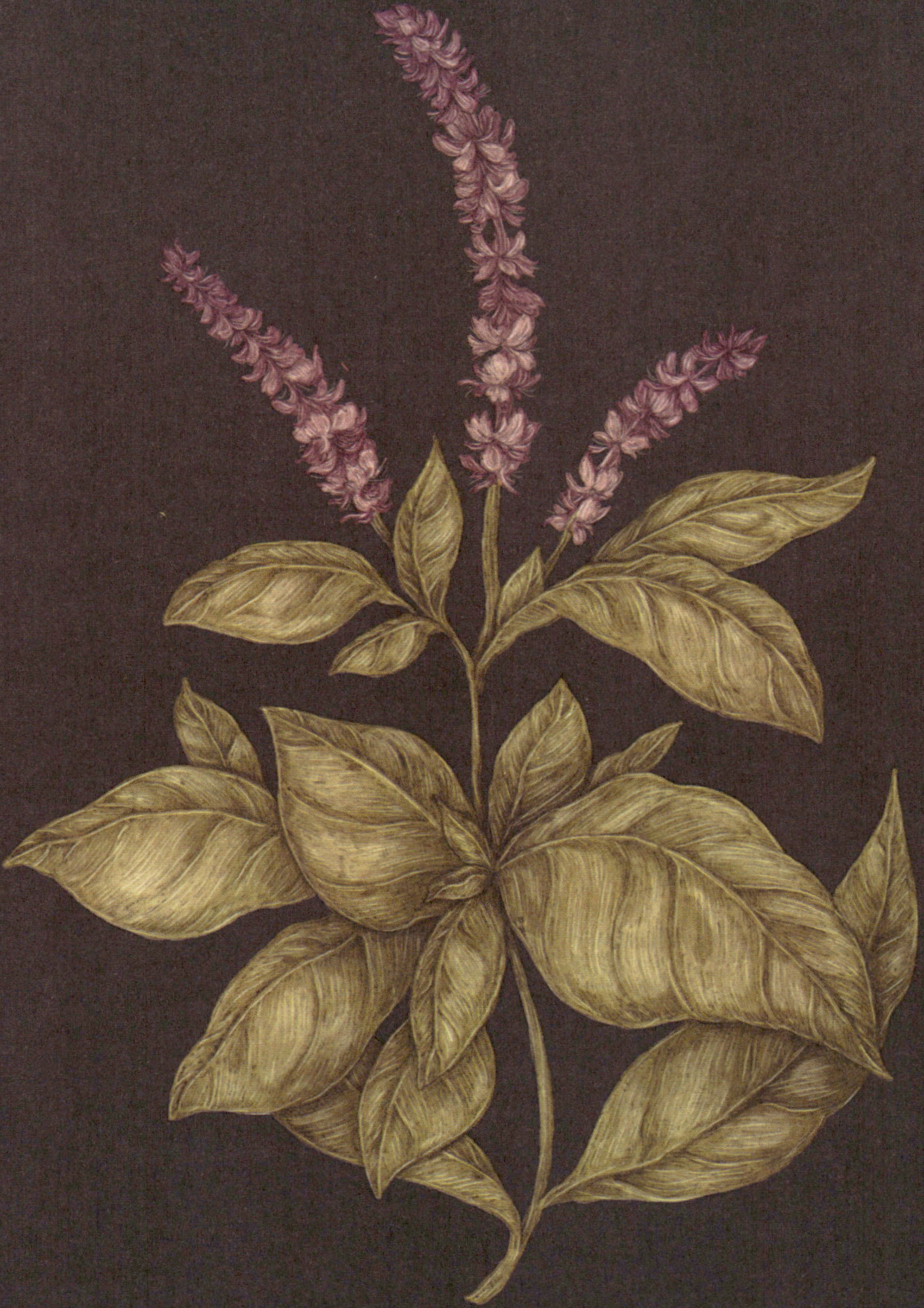

FLORIOGRAFIA

Manjericão
Ocimum

Significado:
Ódio

Origem:
A associação entre o manjericão e o ódio vem dos gregos, que acreditavam que as folhas entreabertas da planta eram semelhantes à mandíbula aberta do basilisco. Como o basilisco podia matar com um único olhar, os gregos associavam os olhos da lendária serpente ao ódio.

Combina com...
Lavanda, para se referir a uma traição.

Oleandro, para alertar alguém em quem você não confia.

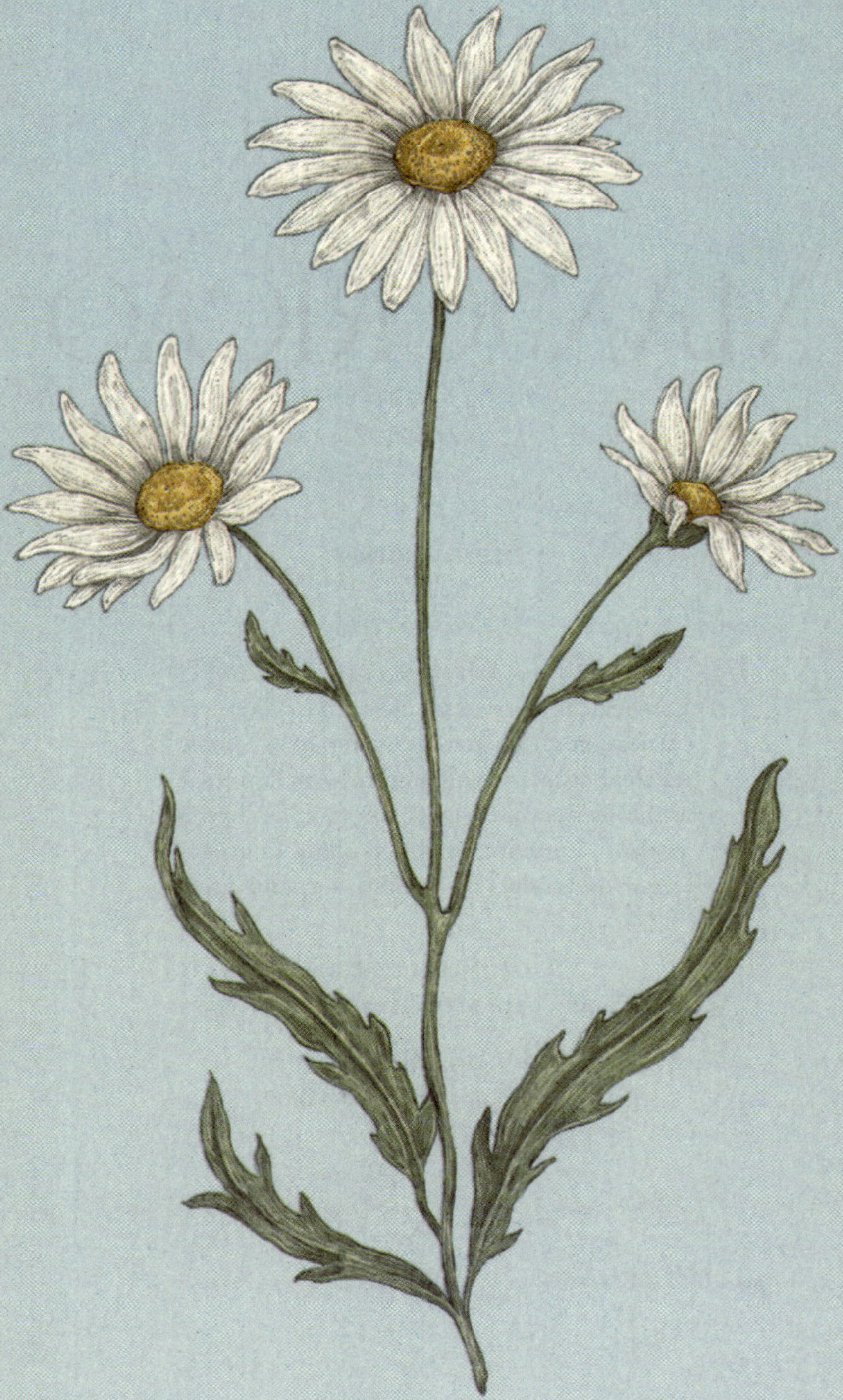

Margarida

Bellis

Significados:
Inocência

Infância

Pureza

Origem:
A margarida é associada à inocência, à infância e à pureza em várias tradições folclóricas. Na mitologia nórdica, ela é ligada a Freya, deusa da fertilidade, da maternidade e do parto. Na tradição celta, floresciam margaridas dos espíritos de crianças que morriam ao nascer. E, por fim, na mitologia romana, a ninfa Belides se transforma em uma margarida para preservar sua inocência quando é perseguida por Vertumnus, o deus das estações.

Combina com...
Véu-de-noiva, para presentear um recém-nascido.

Peônia e violeta, para expressar a alegria da infância.

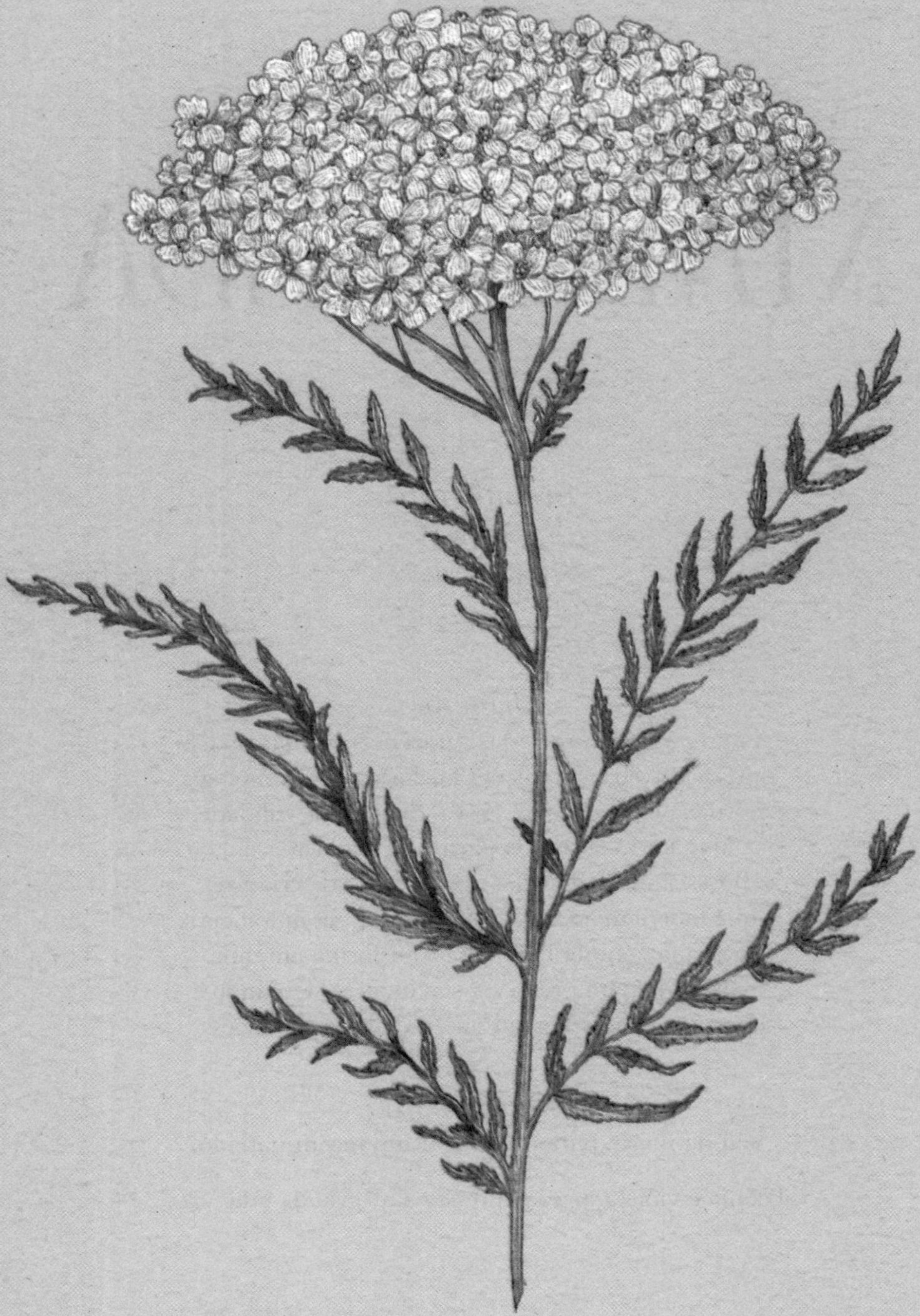

FLORIOGRAFIA

MILEFÓLIO
Achillea

Significado:
Cura para um coração partido

Origem:
O milefólio tem seu nome botânico e seu significado derivados do herói grego Aquiles, o qual, diz-se, usou um emplastro de milefólio para curar as feridas de seus soldados no campo de batalha. A planta é conhecida por suas muitas propriedades medicinais, sendo utilizada até hoje para conter sangramentos, tratar febres e facilitar a digestão.

Combina com...
Espinheiro-branco, para expressar esperança de que as coisas vão melhorar.

Protea, para sinalizar que bons ventos estão chegando.

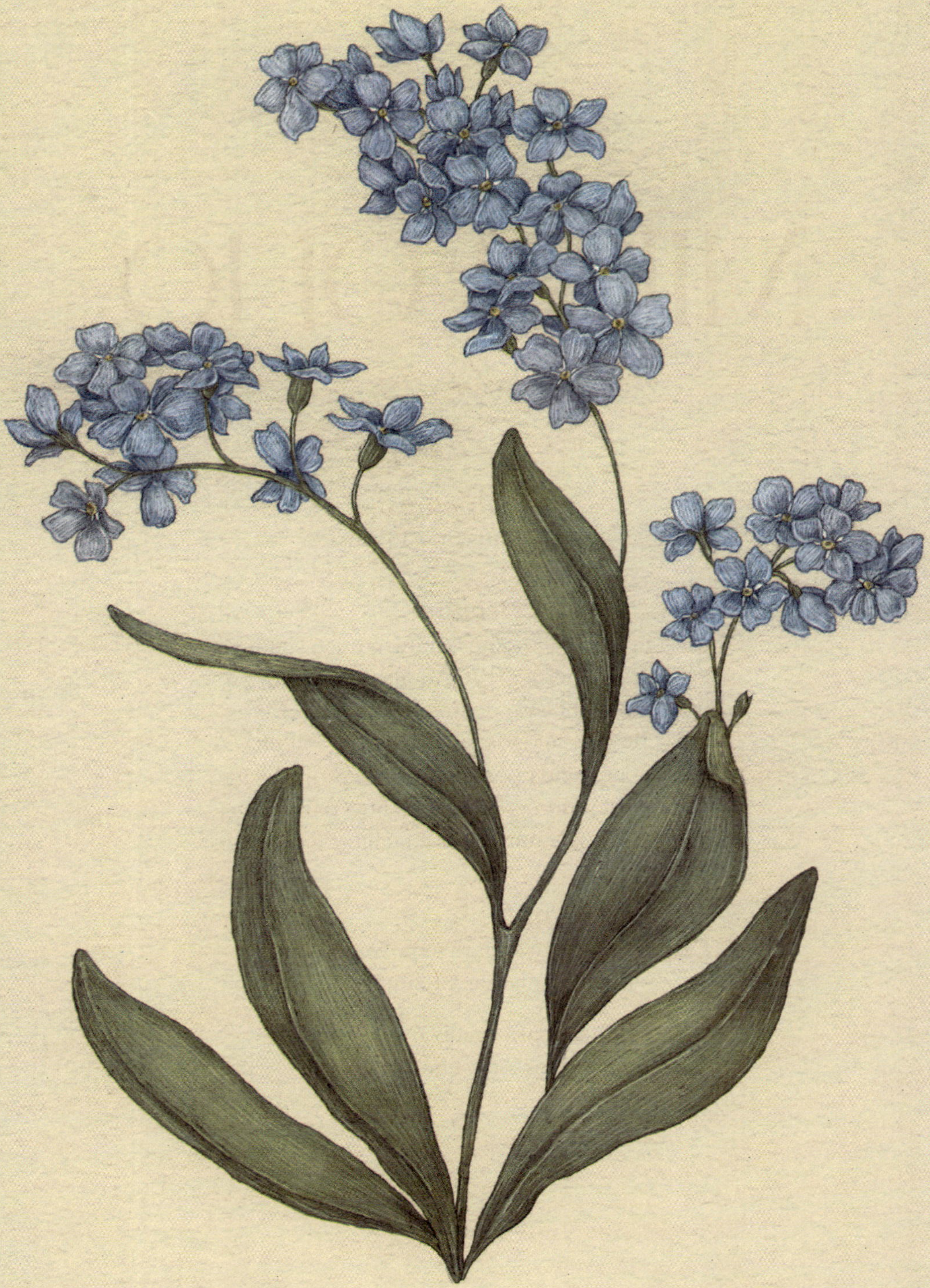

MIOSÓTIS
Myosotis

Significado:
Não me esqueça

Origem:
O significado da miosótis vem de um conto popular alemão sobre um jovem casal apaixonado. Os dois caminhavam às margens de um rio, e a futura noiva se deteve para admirar um conjunto de lindas flores azuis. Seu amado tentou pegar as flores para ela, mas caiu na água. Enquanto a correnteza o levava, ele jogou as flores na direção dela e gritou: "Não me esqueça!", nome pelo qual ela é conhecida no Brasil.

Combina com...
Zínia, para presentear um amigo que está de mudança.

Estafiságria, para dizer ao agraciado para ele sempre se lembrar dos bons momentos.

Carvalho, para indicar um relacionamento à distância.

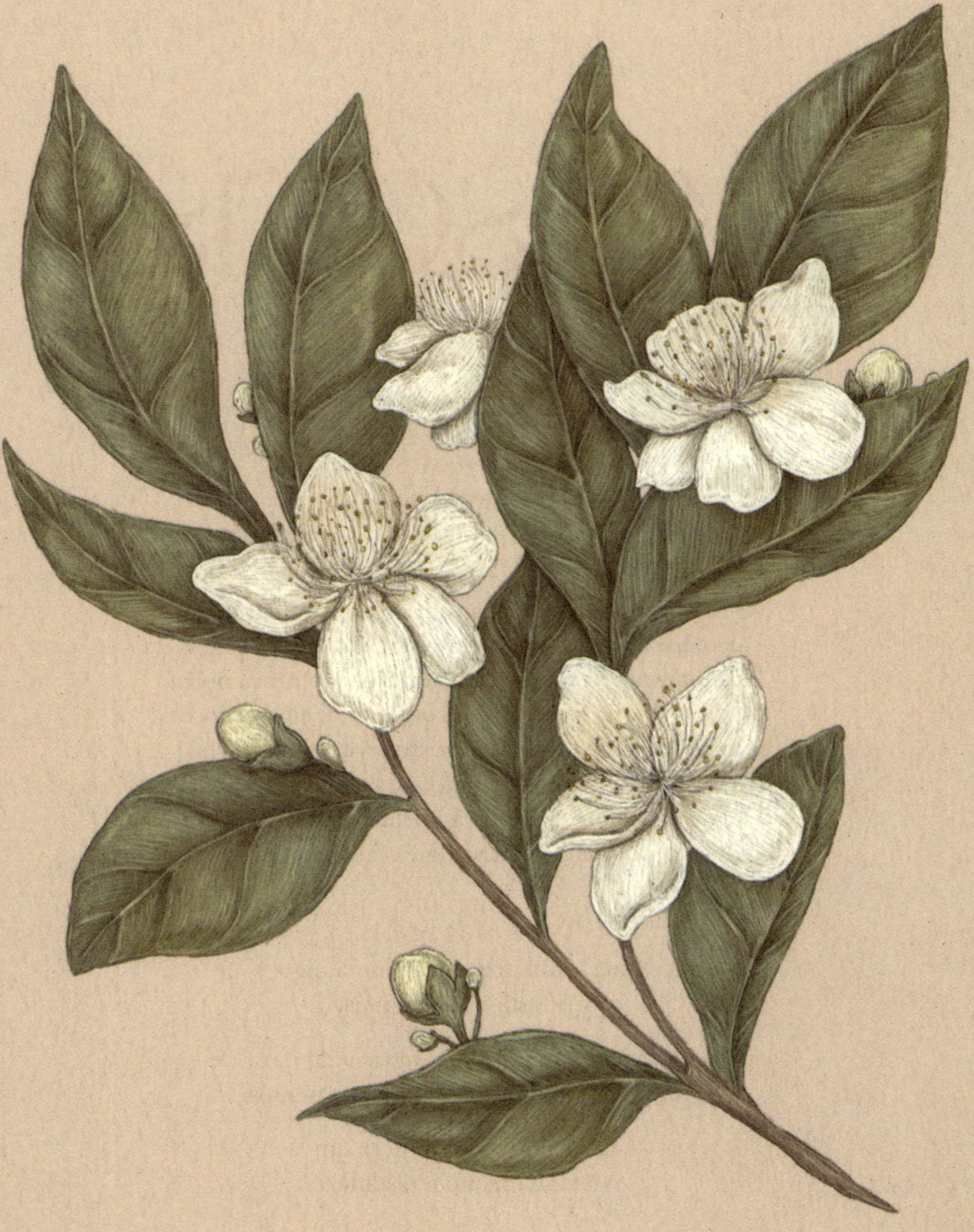

MURTA
Myrtus

Significado:
Amor

Origem:
Possivelmente em virtude de sua associação com Hator e Afrodite — respectivamente, a deusa egípcia e a deusa grega do amor — as belas flores de perfume doce desta planta perene são muito usadas em casamentos.

Combina com...
Dália, para presentear seu verdadeiro amor.

Cravo, como presente de Dia das Mães.

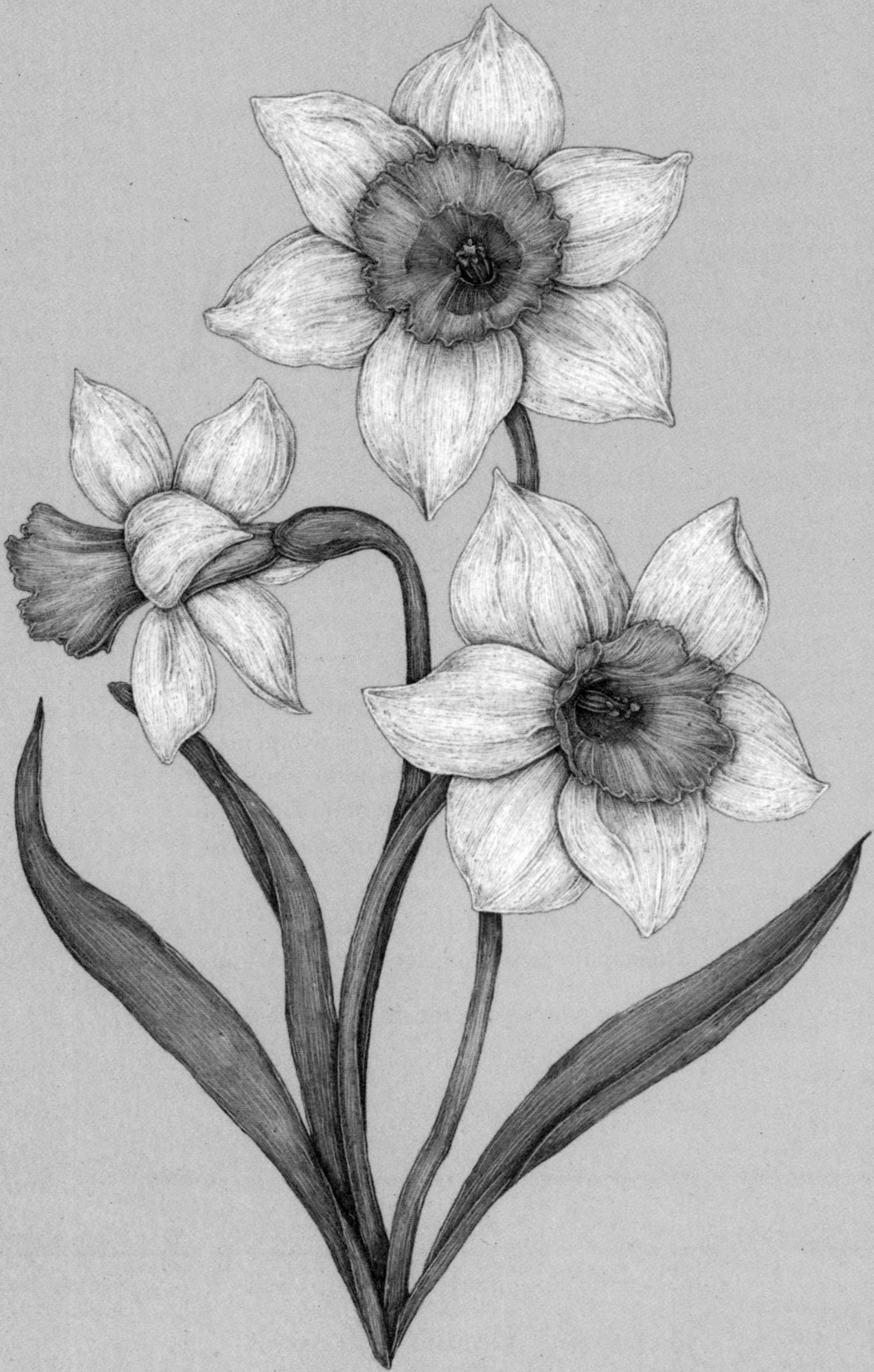

Floriografia

NARCISO
Narcissus

Significado:
Amor não correspondido

Origem:
A lenda grega de Narciso, da qual deriva o nome científico desta planta, conta a história de um belo e orgulhoso caçador que, ao ver seu reflexo nas águas de um rio, se apaixona por si mesmo. Incapaz de abandonar sua própria imagem, ele acaba morrendo. Um narciso, então, floresce para marcar o local de sua morte.

Combina com...
Trevo, para expressar esperança por mudanças.

Ervilha-de-cheiro, para mostrar que você desistiu de um romance que não deu certo.

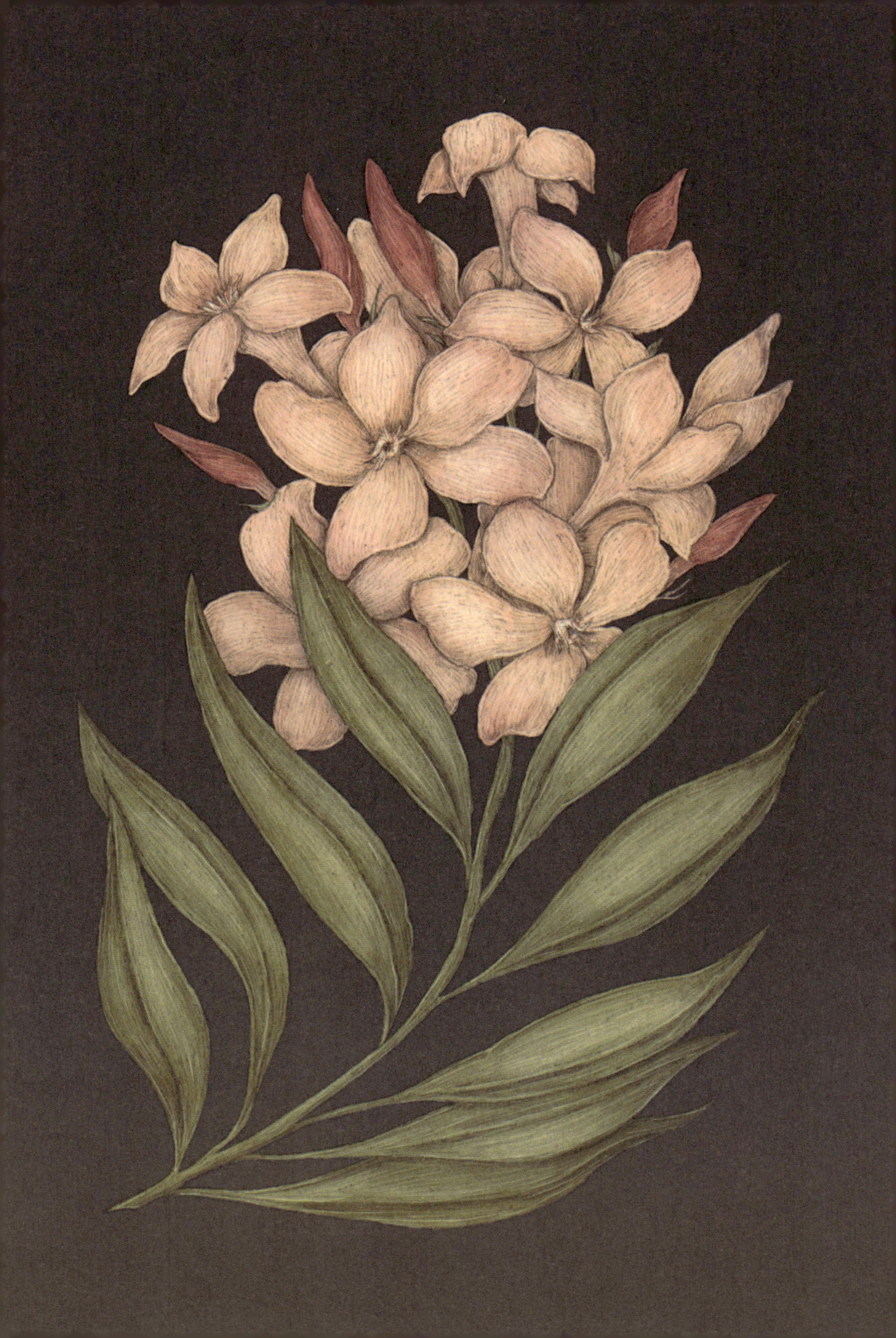

FLORIOGRAFIA

OLEANDRO
Nerium oleander

Significado:
Cautela

Origem:
Os vitorianos atribuíram o significado de "cautela" ao oleandro, talvez porque a planta é venenosa, mas também por causa de sua associação com o mito grego de Hero e Leandro. Segundo a lenda, os dois estavam apaixonados e, embora vivessem em lados opostos do estreito de Helesponto, Leandro o atravessava o mar a nado todas as noites para visitar Hero. Uma noite, durante uma violenta tempestade, Leandro morreu ao tentar nadar nas águas agitadas para encontrar seu amor. Quando Hero viu o corpo naufragado de Leandro, ela gritou: "Oh, Leandro! Oh, Leandro!", e se afogou para estar com ele na morte.

Combina com...
Azaleia, para alertar alguém que está prestes a fazer uma má escolha.

Girassol, para prevenir um amigo em relação a um mau investimento.

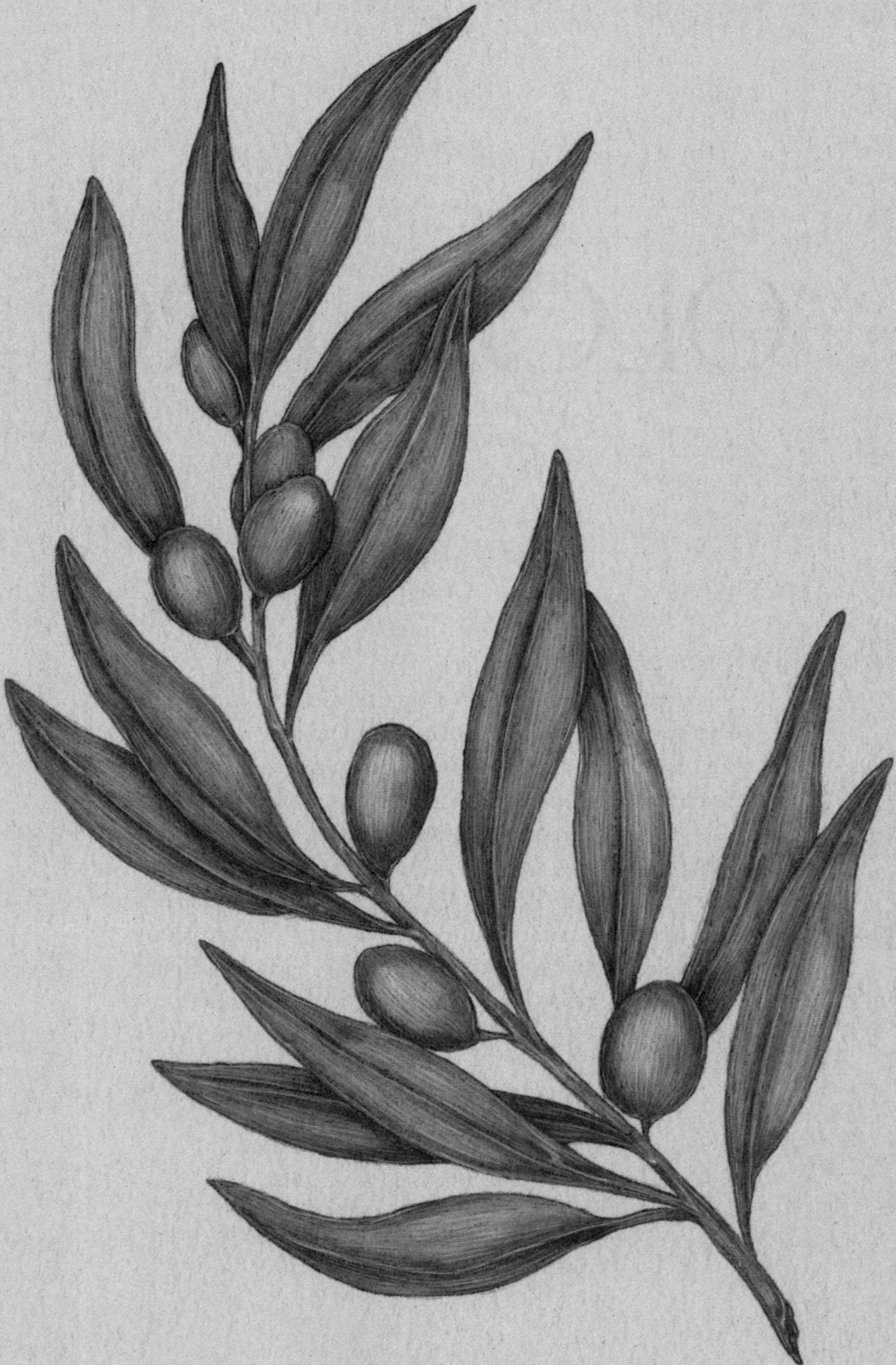

Floriografia

OLIVEIRA
Olea

Significado:
Paz

Origem:
"Estender um ramo de oliveira" é uma oferta de paz e reconciliação. Essa frase vem da história da Arca de Noé, no Antigo Testamento, em que Noé constrói uma arca e a ocupa, antes do grande dilúvio, com um casal de cada espécie de animal existente no planeta. Depois de muitos dias no mar, ele envia uma pomba para procurar terra firme, e a ave volta com um ramo de oliveira no bico, indicando que terra e paz estão próximos.

Combina com...
Espinheiro-branco e arruda, para pedir perdão.

Cenoura-silvestre, para dar de presente na inauguração de uma casa.

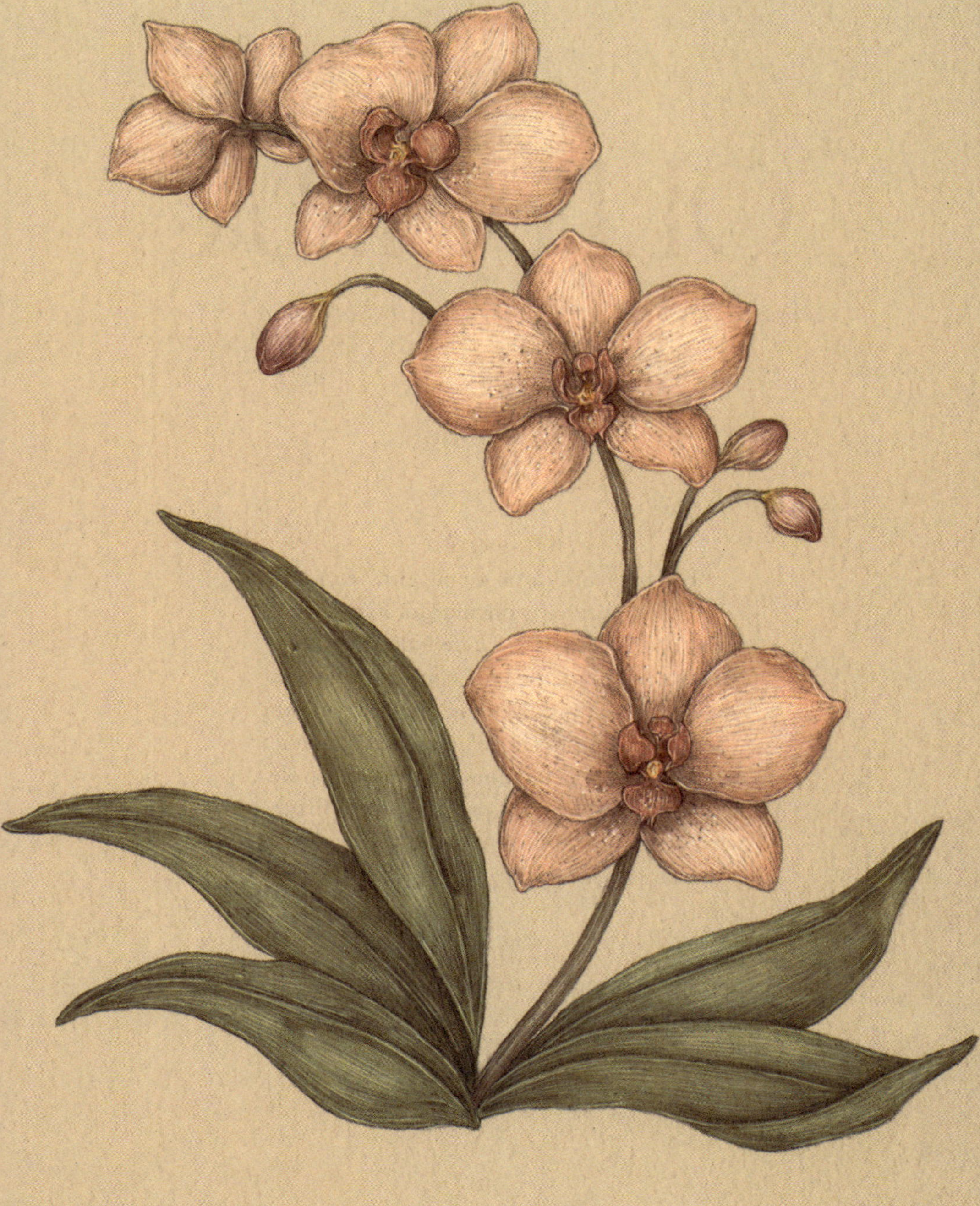

FLORIOGRAFIA

ORQUÍDEA
Orchis

Significados:
Elegância

Beleza

Origem:
As pétalas coloridas, delicadas e formosas da orquídea facilmente evocam beleza e elegância. Tornou-se um luxo exótico durante a era vitoriana, quando apenas os ricos podiam pagar pela cara flor.

Combina com...
Camélia, para ofertar a um amigo de quem você sente falta.

Magnólia, para presentear alguém que você admira.

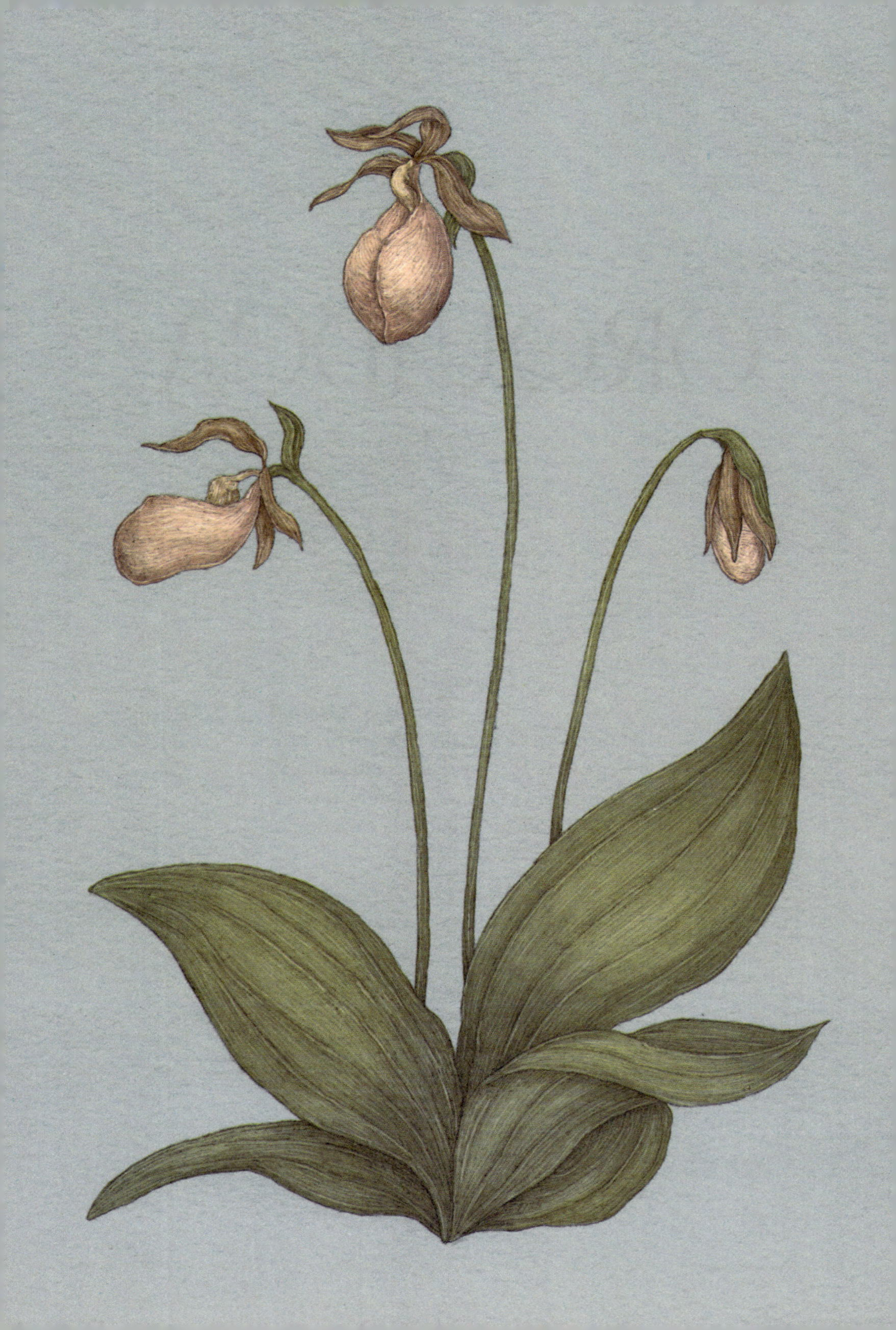

FLORIOGRAFIA

ORQUÍDEA-SAPATINHO
Cypripedium

Significado:
Capricho

Origem:
Este tipo de orquídea é conhecido por ser instável e difícil de cultivar. Algumas flores levam uma década para desabrochar, e poucas sobrevivem, se transplantadas. Outras, no entanto, podem viver por até cinquenta anos se forem deixadas quietas.

Combina com...
Espinheiro-branco, para expressar esperança por bons resultados.

Boca-de-leão, para incentivar um amigo em uma situação imprevisível.

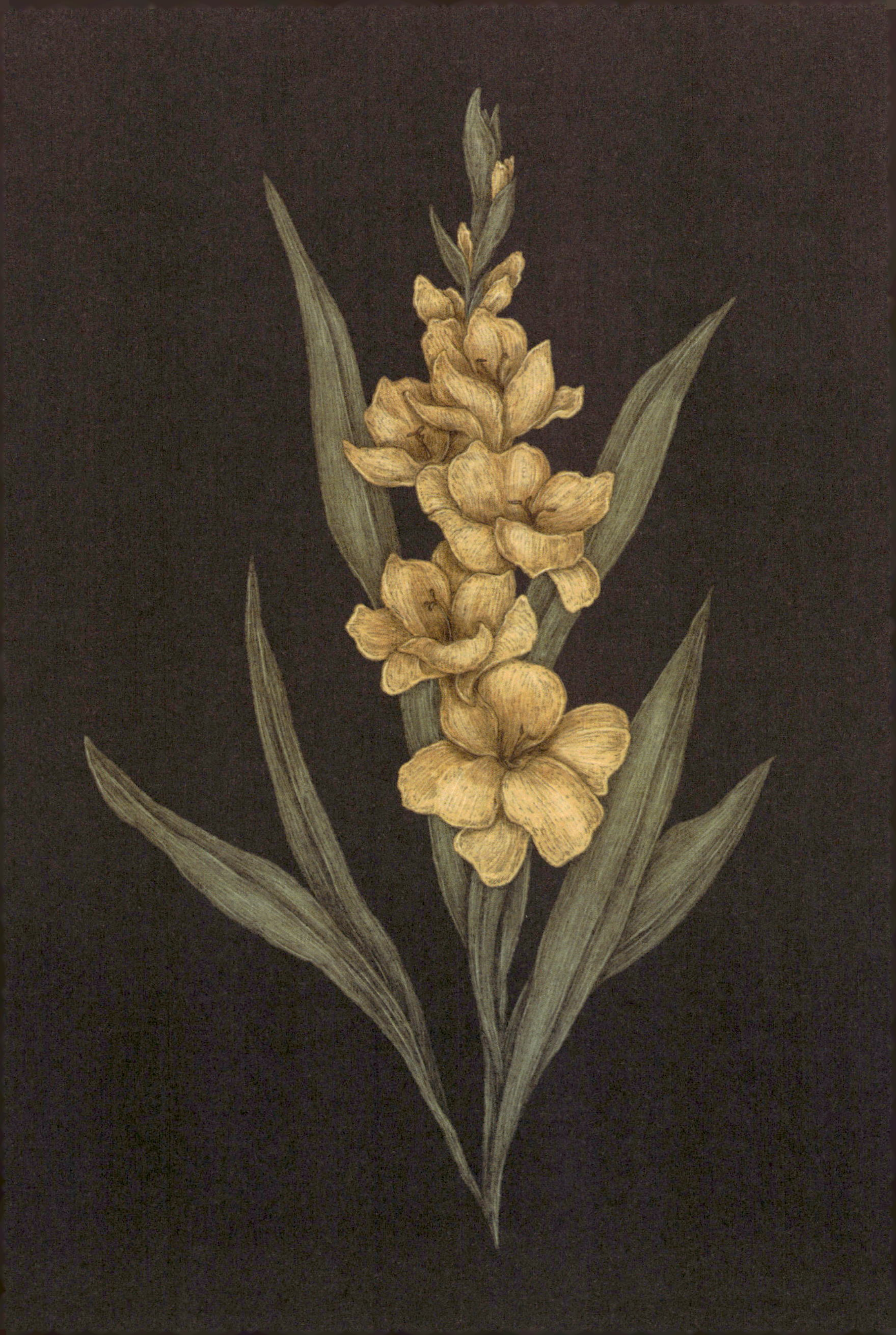

Floriografia

Palma-de-Santa-Rita

Gladiolus

Significado:
Você partiu meu coração

Origem:
Em latim, *gladius* é traduzido como "espada", daí o apelido de "lírio de espada" para esta flor. Tanto o nome como o significado desta grande e imponente planta derivam do formato de espada de suas folhas.

Combina com...
Milefólio, para curar um coração partido.

Anêmona e narciso, para expressar um amor não correspondido.

Cicuta e calêndula, para acalentar um amigo que está sofrendo.

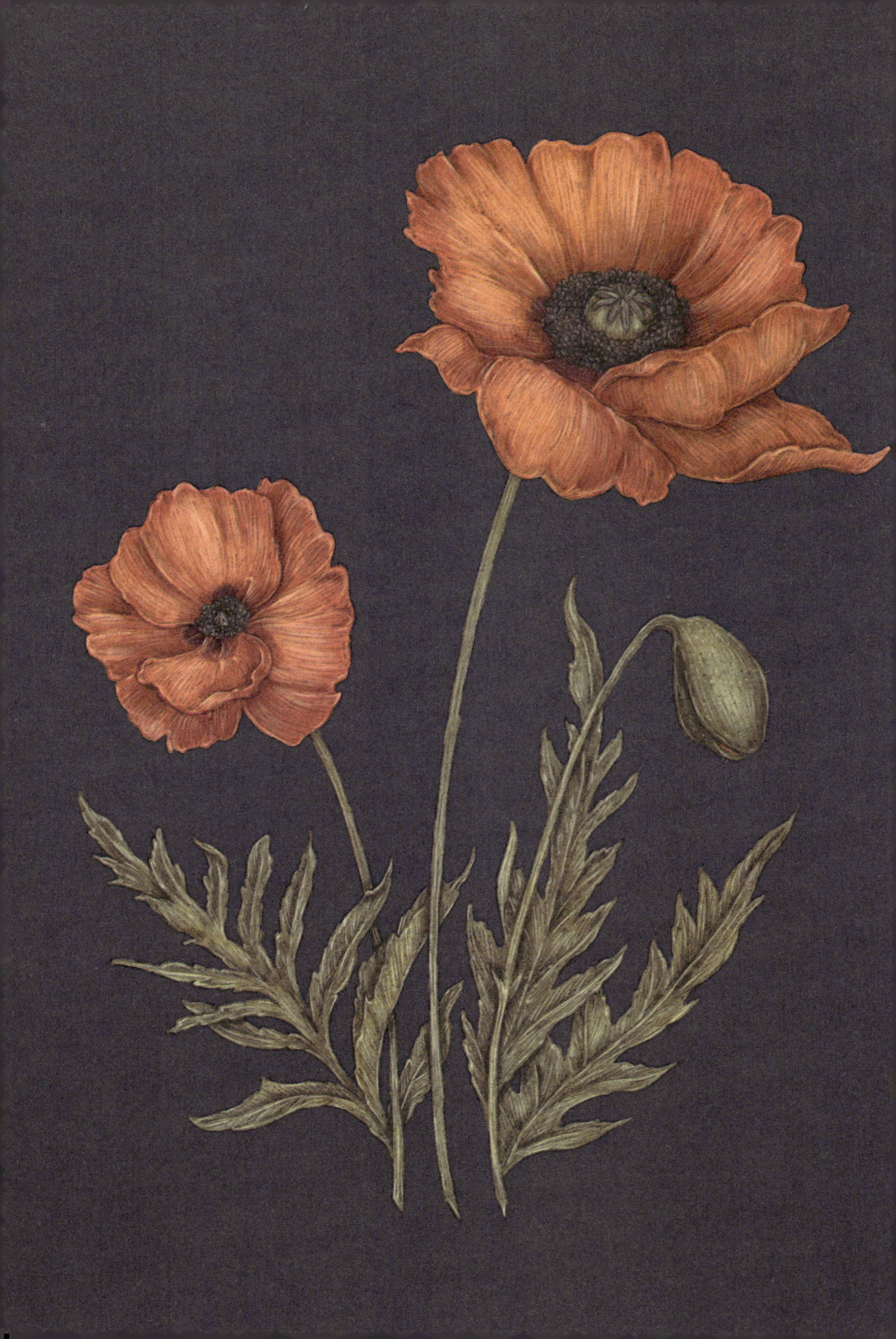

FLORIOGRAFIA

PAPOULA
Papaver somniferum

Significado:
Sono eterno

Origem:
A papoula é conhecida pelos efeitos narcóticos, sendo usada para fazer o ópio. Segundo o mito grego, as papoulas cresciam na terra dos mortos. Elas eram associadas a Deméter, cuja filha, Perséfone, era a rainha do submundo.

Combina com...
Fura-neve, para lamentar a perda de um ente querido.

Dália, para enfeitar o túmulo de um amigo querido.

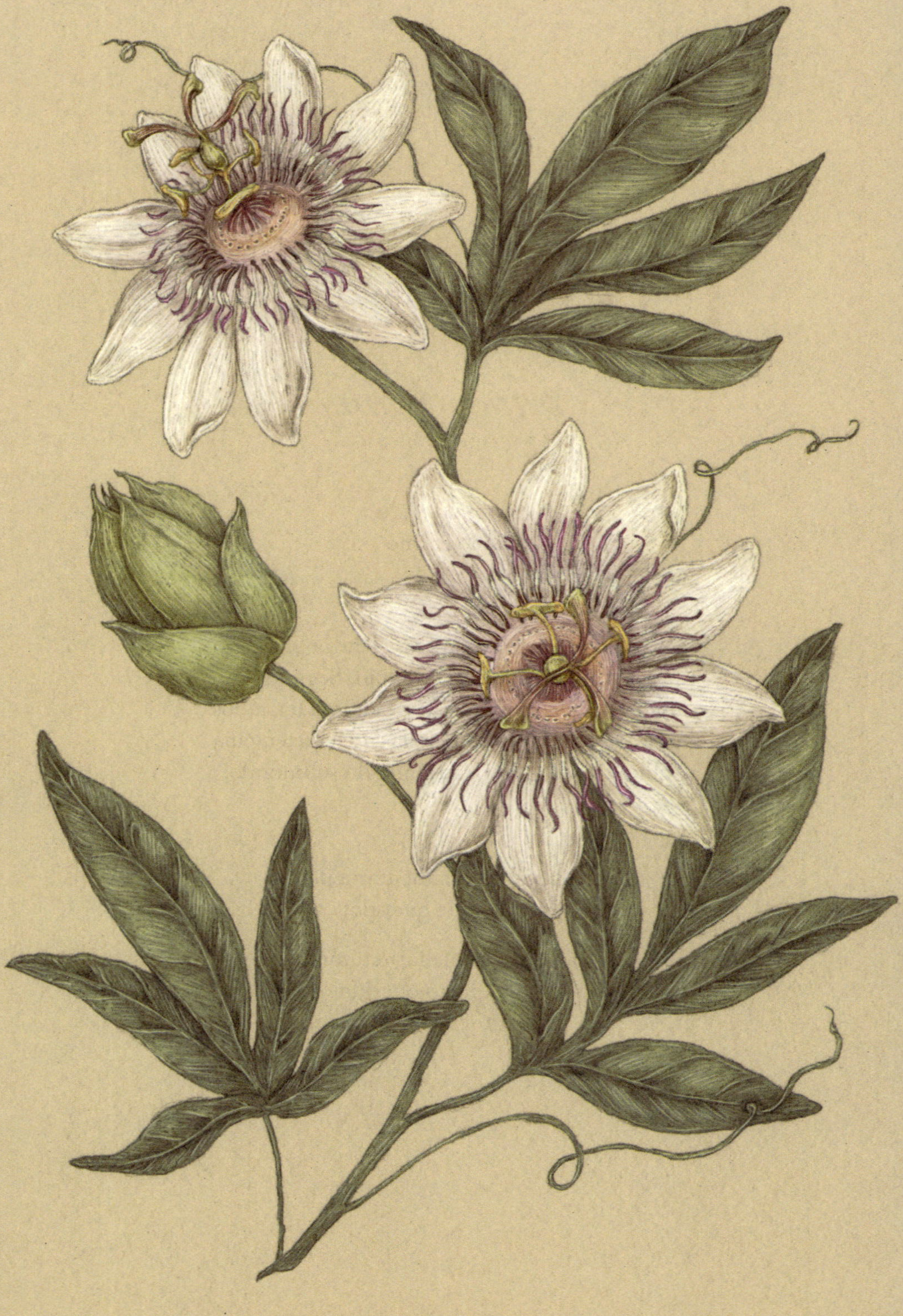

Floriografia

PASSIFLORA
Passiflora

Significado:
Fé

Origem:
No século XVI, missionários jesuítas descobriram a passiflora na América do Sul. Eles acreditavam que a flor era um símbolo da Paixão de Cristo. As dez pétalas representavam os dez apóstolos fiéis; os filamentos, a coroa de espinhos; os estames, as cinco chagas; o ovário, o estilete; e o estigma, os três pregos que perfuraram as mãos e os pés de Cristo.

Combina com...
Edelvais, para dizer que você acredita que o destinatário fará a escolha certa, mesmo que seja difícil.

Íris, para presentear um líder religioso.

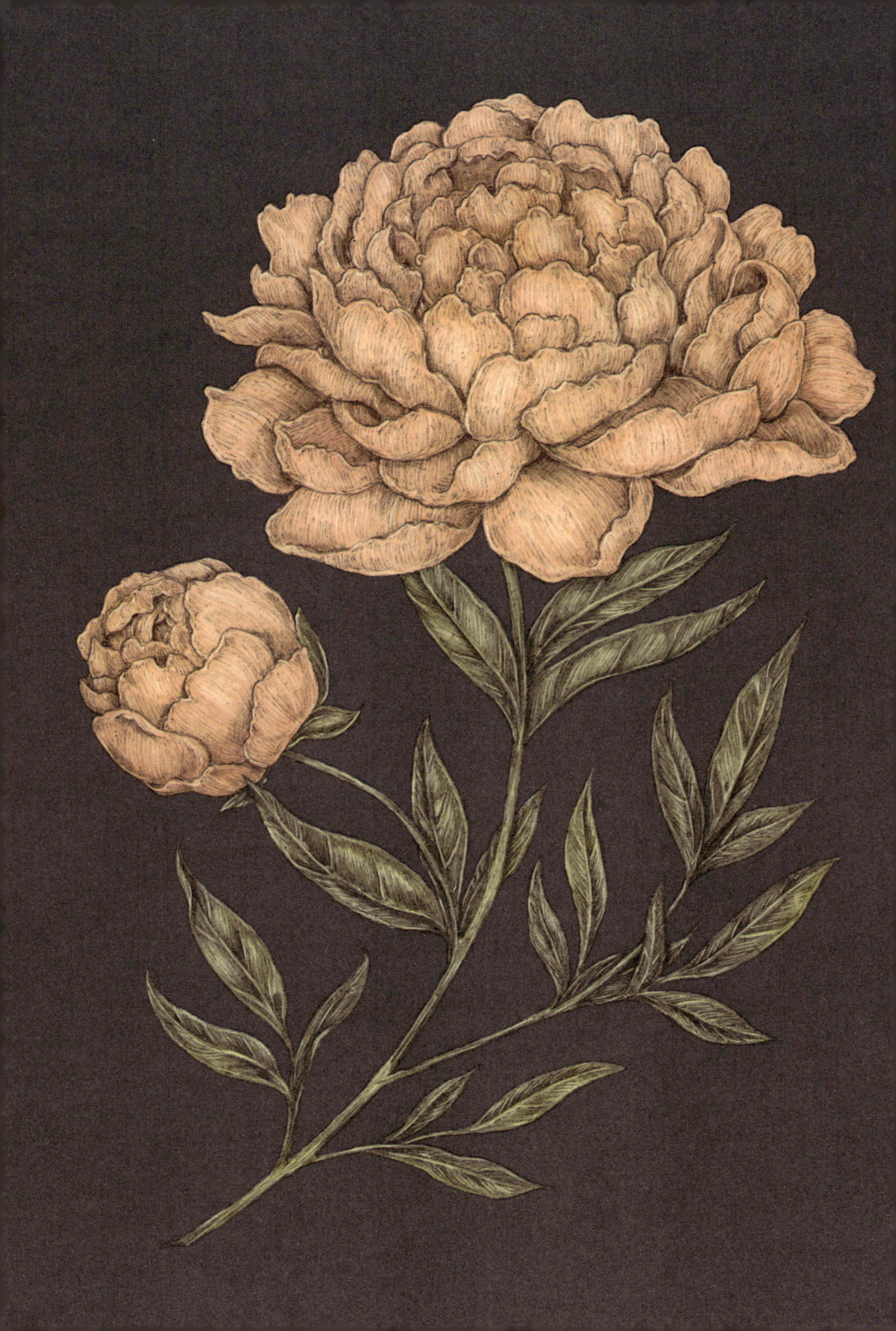

PEÔNIA
Paeonia

Significado:
Timidez

Origem:
Na Grécia antiga, dizia-se que as ninfas podiam se transformar em flores de peônia para não serem vistas por humanos. Criaturas tímidas por natureza, elas queriam se esconder de olhos mortais. Da mesma forma, mesmo em plena floração, as pétalas das peônias se curvam para dentro, protegendo os centros delicados.

Combina com...
Jacinto e violeta, para se desculpar e pedir perdão a alguém.

Dedaleira, para presentear um admirador secreto.

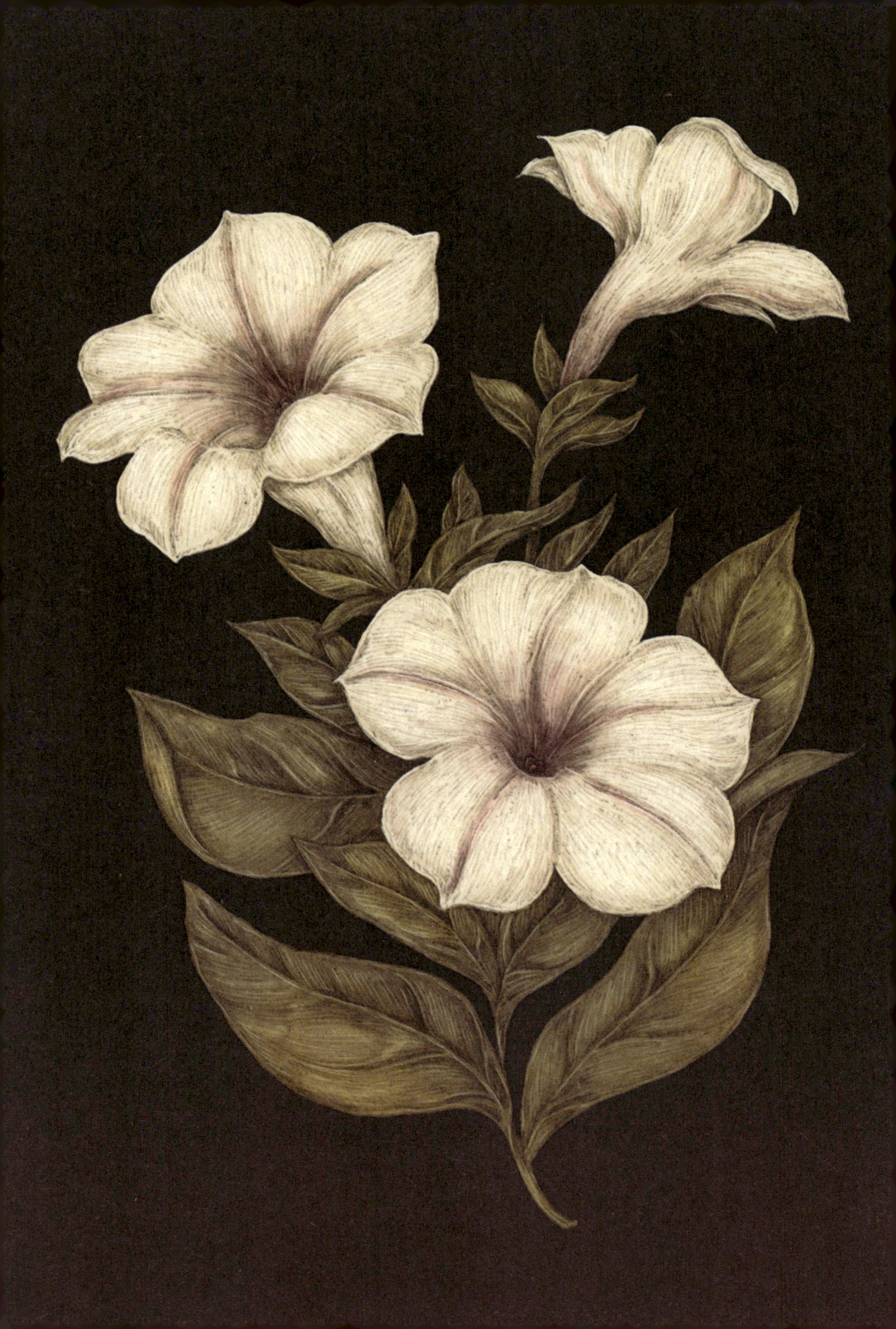

PETÚNIA
Petunia

Significados:
Raiva

Rancor

Origem:
Há poucos registros sobre a origem do significado desta flor. A petúnia é sensível e se machuca facilmente, como uma pessoa cheia de raiva ou ressentimento.

Combina com...
Losna, para indicar desagrado com um resultado.

Alecrim, para mostrar que você não vai se esquecer do erro de alguém.

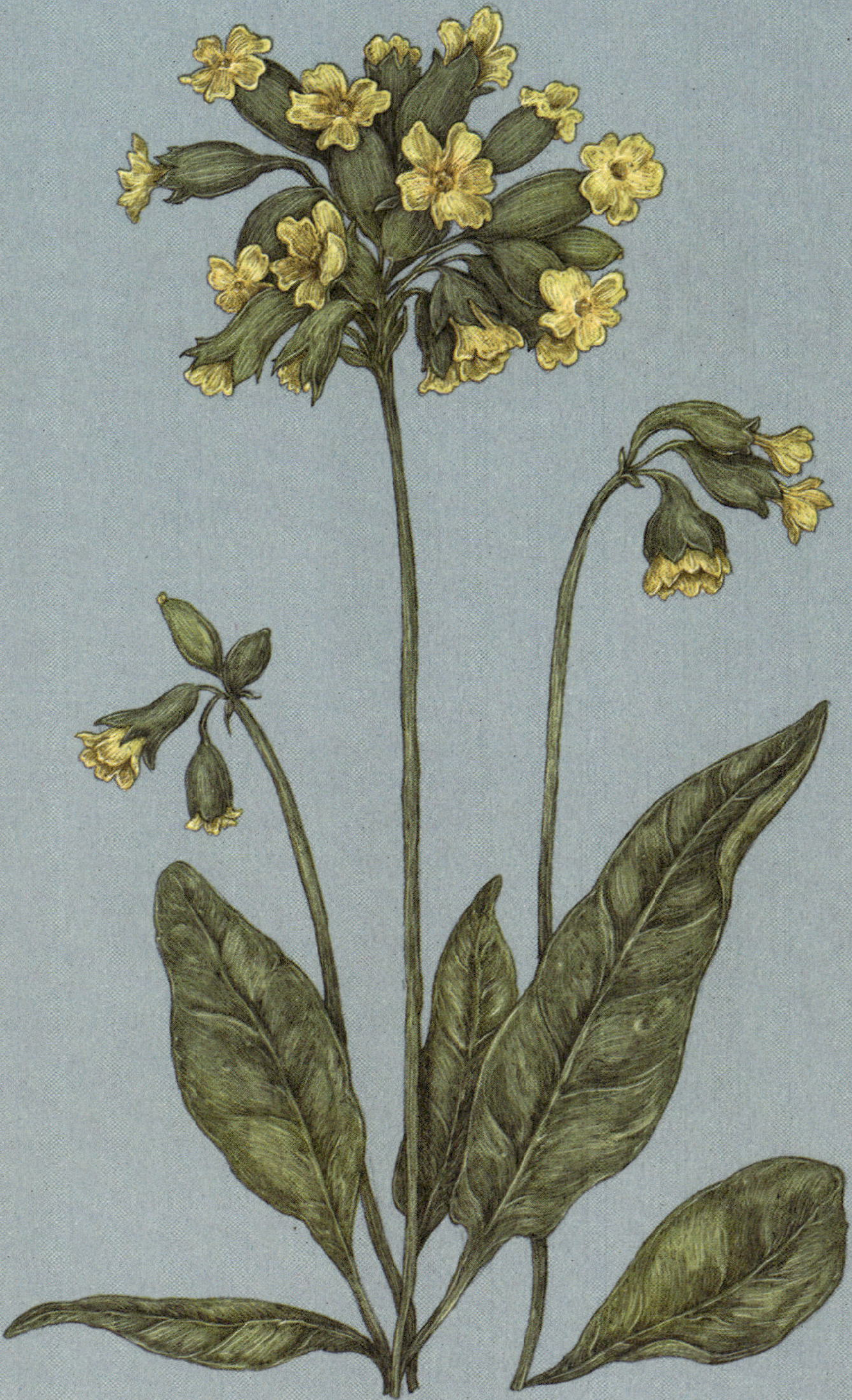

FLORIOGRAFIA

PRÍMULA
Primula veris

Significado:
Ser agraciado

Origem:
O significado da prímula vem de uma história contada sobre São Pedro, o guardião do Paraíso. Inadvertidamente, ele deixou cair suas chaves e, quando elas pousaram na Terra, se transformaram em prímulas. A prímula também é conhecida como a "chave do céu", porque suas flores lembram um conjunto de chaves douradas. A lenda diz que aqueles que encontrarem a flor podem ser agraciados e entrar no Paraíso.

Combina com...
Espinheiro-branco, para desejar esperança em um novo projeto.

Madressilva, para presentear seus sogros.

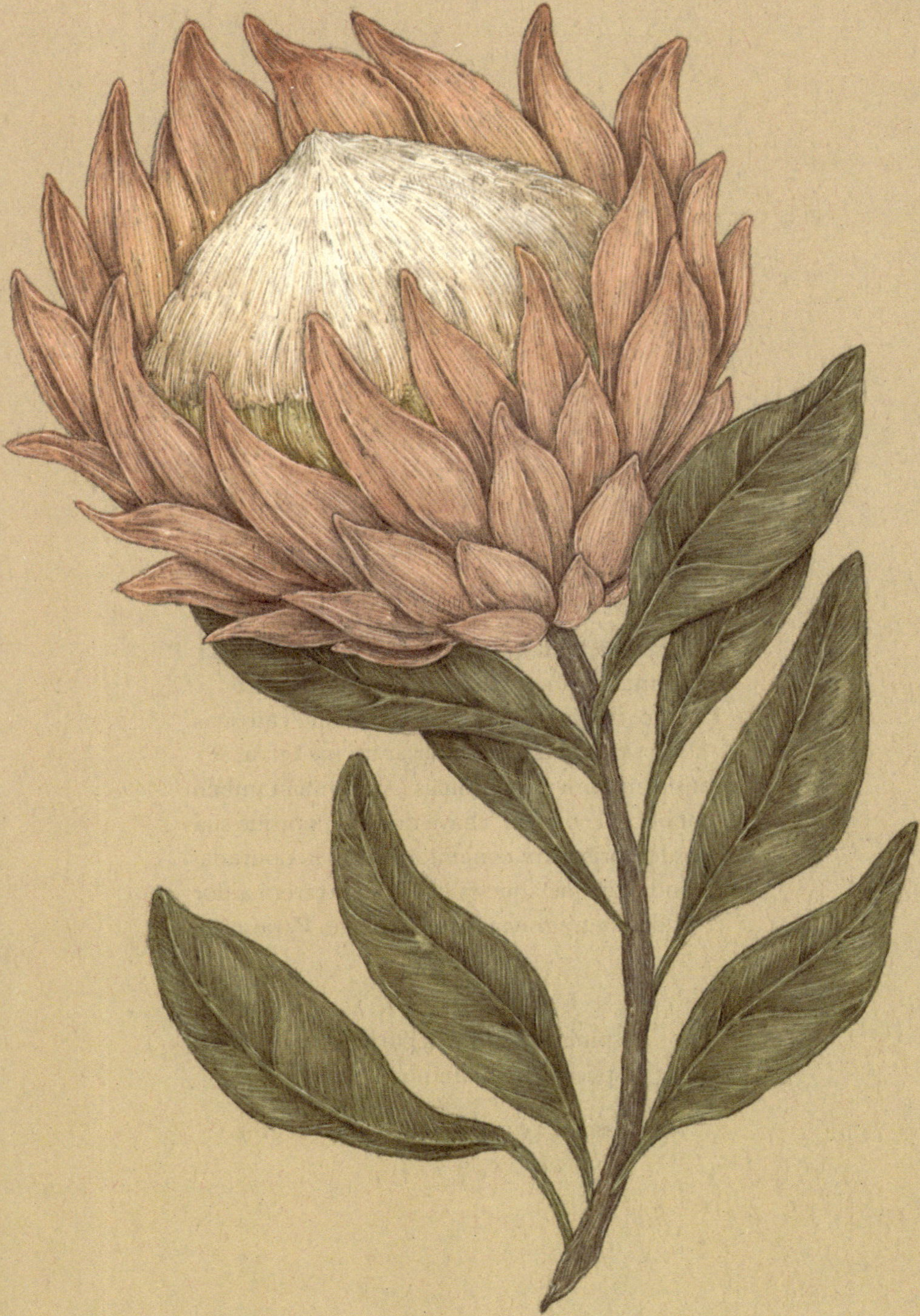

FLORIOGRAFIA

PROTEA
Protea

Significado:
Transformação

Origem:
A origem do nome "protea" se baseia em Proteu, filho do deus grego Poseidon. Assim como Proteu, que podia mudar de forma sempre que quisesse, a protea pertence a um gênero de plantas extraordinariamente diverso, capaz de assumir inúmeras formas.

Combina com...
Louro, para parabenizar um amigo por uma conquista que mudou a vida dele.

Lírio-do-vale, para presentear alguém que está se recuperando de uma doença.

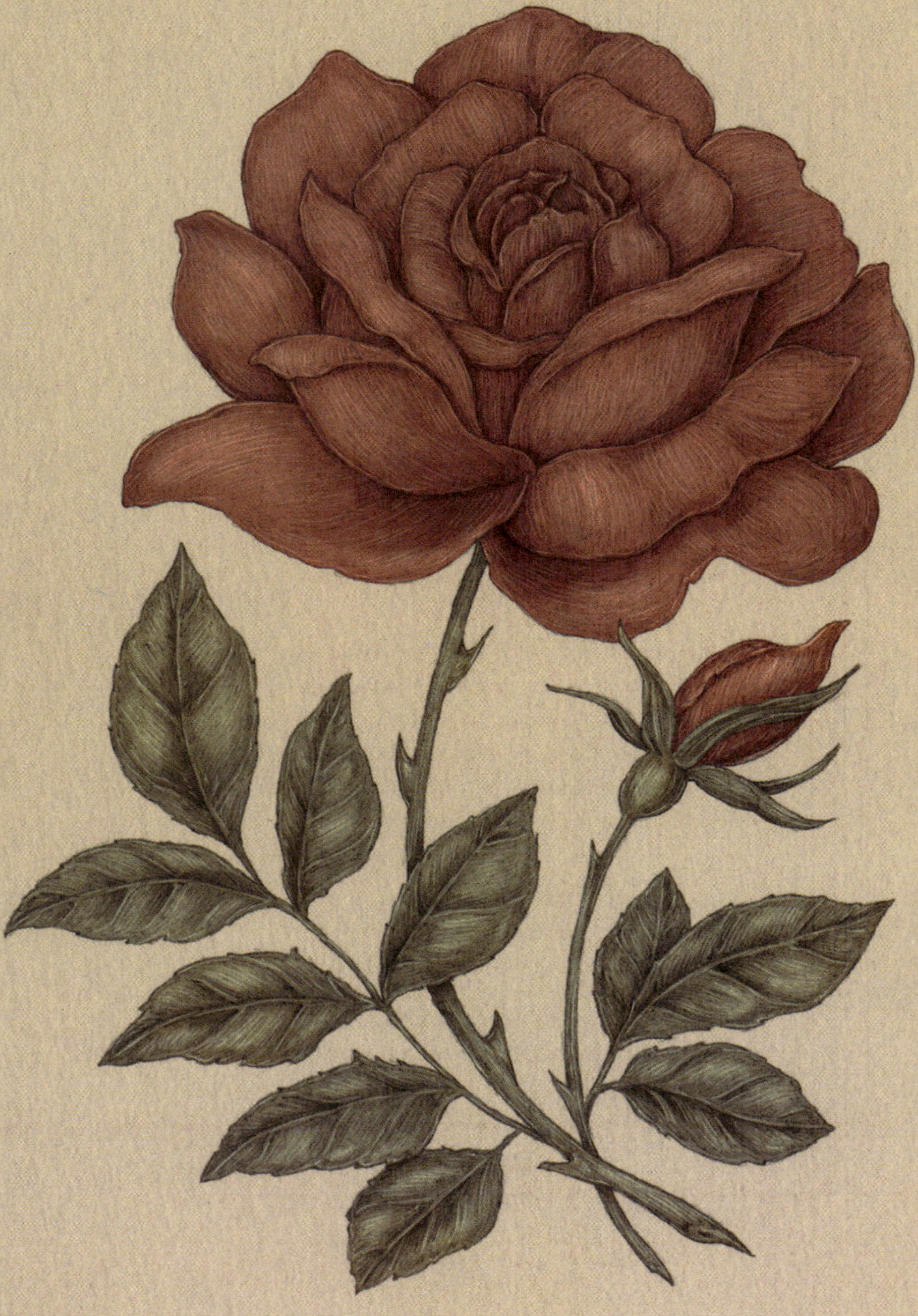

FLORIOGRAFIA

ROSA
Rosa

Significado:
Amor

Origem:
A rosa tem sido intimamente ligada ao amor em muitas culturas ao longo da história. As pétalas organizadas em exuberantes camadas e o aroma doce podem explicar a razão. Para os vitorianos, a cor da rosa indicava o nível de afeto que se queria expressar: uma rosa branca para um amor inocente, uma cor-de-rosa para um novo romance e uma vermelho-sangue para uma paixão. Na mitologia grega, diz-se que Clóris, a deusa da primavera, transformou uma bela ninfa que havia morrido em uma rosa. Ela pediu a Apolo para aquecer a flor, a Afrodite para emprestar-lhe sua beleza, a Dionísio para acrescentar um doce néctar, e às três Graças para lhe fornecerem encanto, alegria e esplendor. Clóris chamou a rosa de "a rainha das flores".

Combina com...
Véu-de-noiva, para celebrar uma festa de casamento.

Centáurea, para demonstrar esperança em uma nova busca romântica.

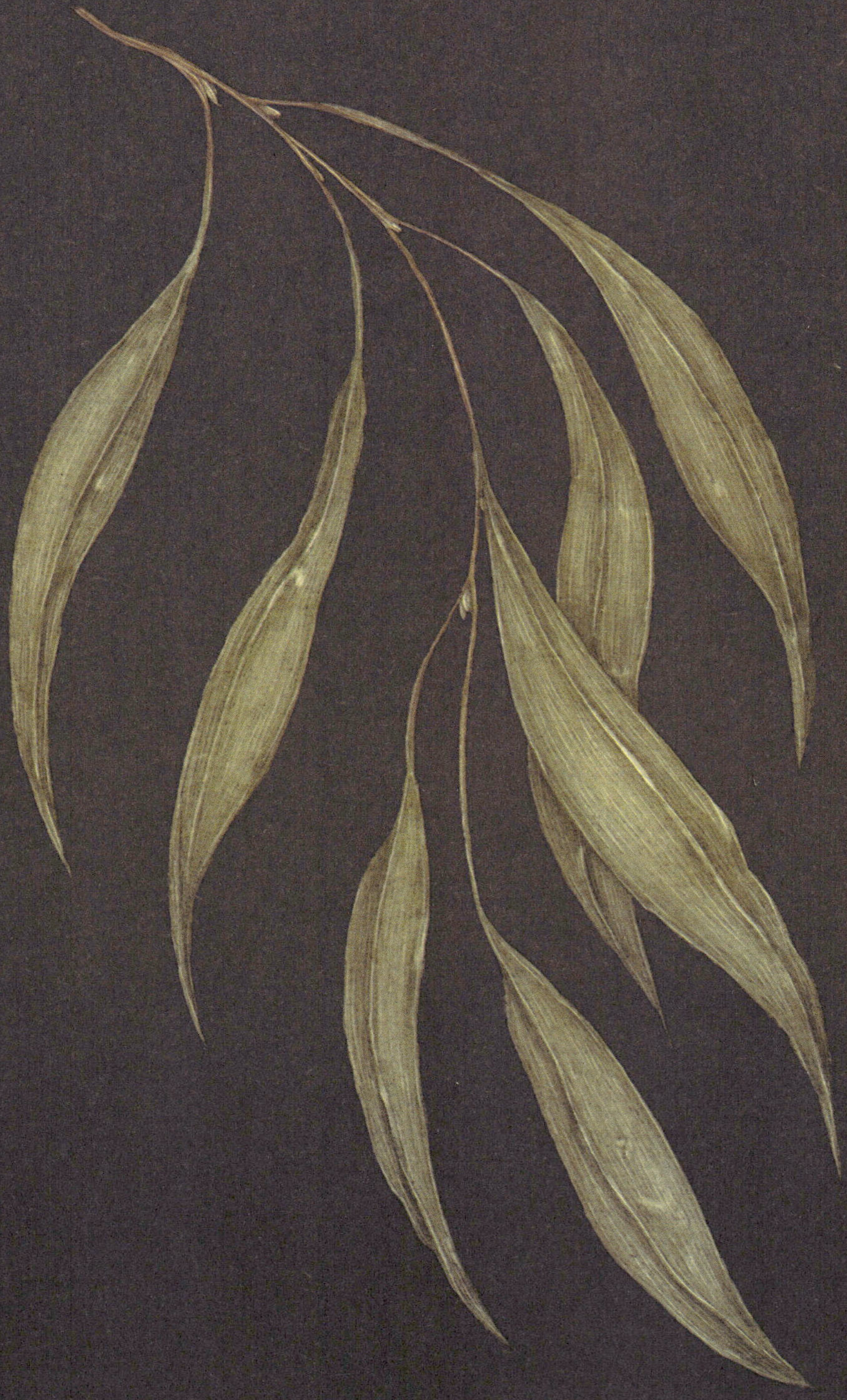

Floriografia

Salgueiro--chorão
Salix

Significado:
Luto

Origem:
O salgueiro-chorão parece uma árvore enlutada; seus ramos são caídos e tristes. Na mitologia grega, diz-se que os salgueiros marcam a entrada para o submundo. Isso pode explicar melhor por que essas árvores melancólicas são frequentemente retratadas em lápides e joias de luto vitorianas.

Combina com...
Miosótis e cipreste, para manifestar pesar em um funeral.

Palma-de-santa-rita, para lamentar um coração partido.

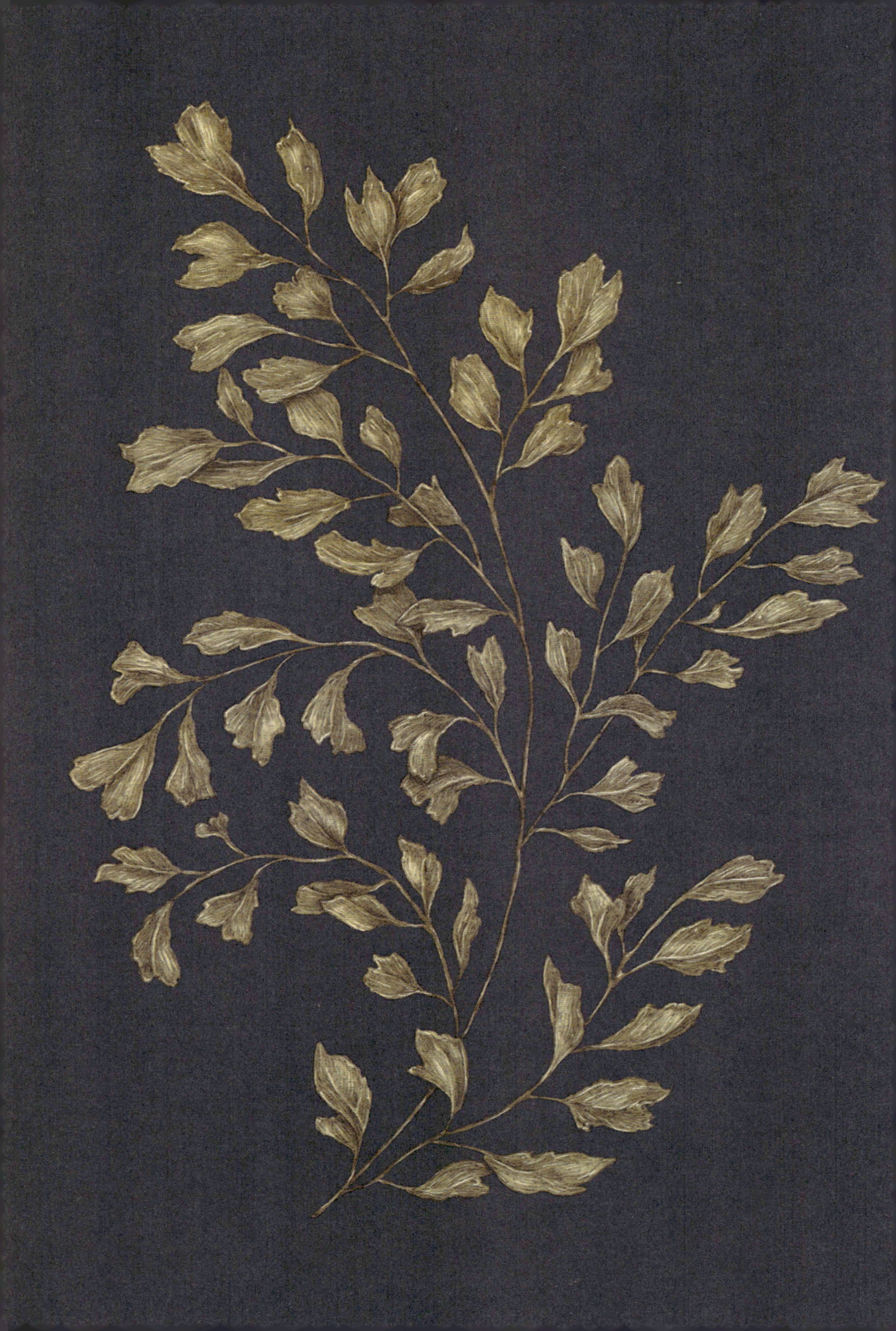

FLORIOGRAFIA

SAMAMBAIA
Adiantum

Significados:
Magia

Mistério

Origem:
As samambaias crescem em áreas úmidas, mas suas folhas repelem a água. Essa curiosa qualidade faz com que as samambaias sejam associadas à magia e ao mistério. O gênero *Adiantum*, "não molhado" em grego, honra a dualidade fascinante da samambaia. Além disso, diz-se que Vênus, deusa romana do amor e da beleza, tinha tranças de avencas — uma espécie de planta da família das samambaias —, que permaneciam secas mesmo depois que ela emergia do mar.

Combina com...
Dedaleira, para se referir a um amor secreto.

Papoula, para mostrar ao presenteado que ele está em seus pensamentos e sonhos mais profundos.

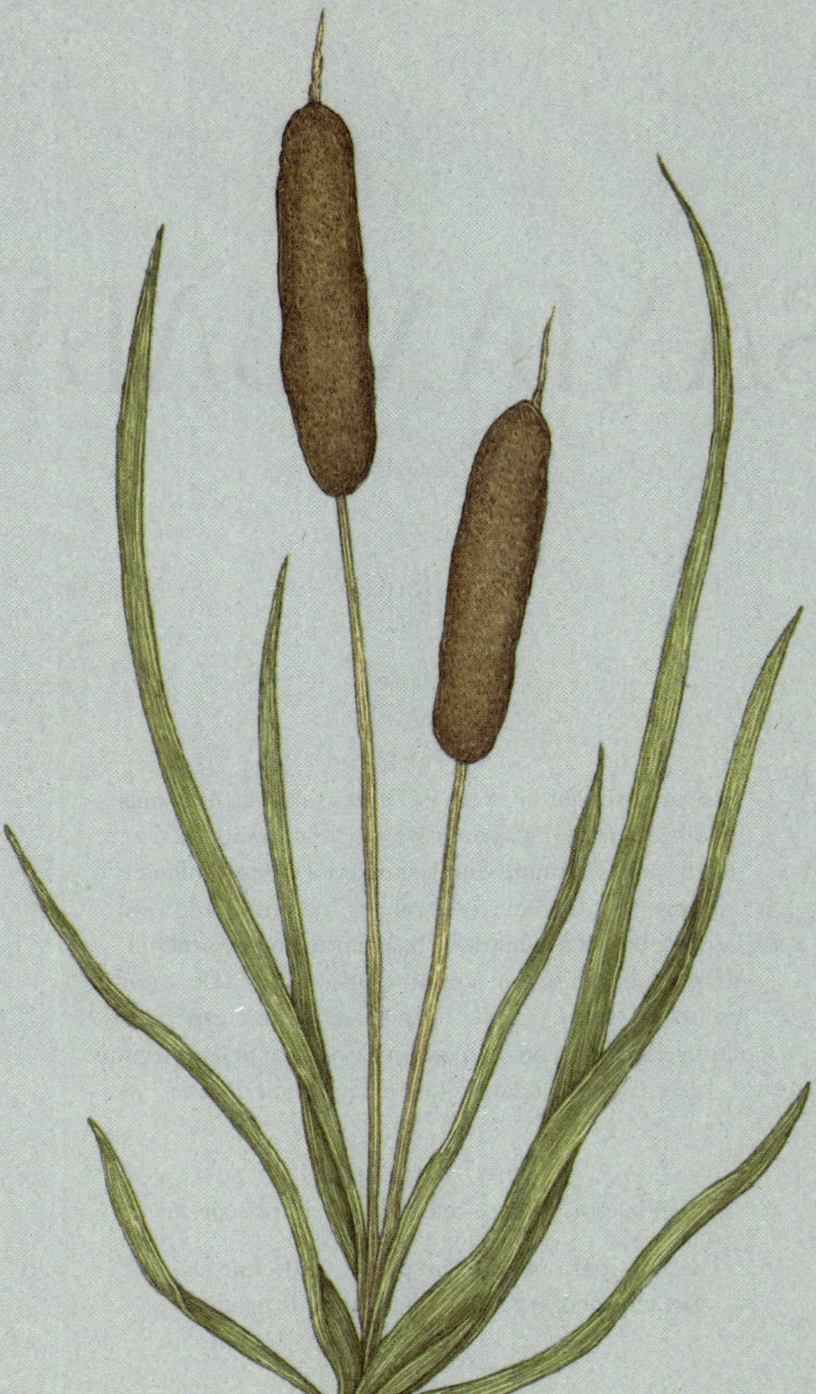

FLORIOGRAFIA

TABOA
Typha latifolia

Significados:
Paz

Prosperidade

Origem:
A associação da taboa com paz e prosperidade tem pouca explicação, mas pode derivar dos vários usos domésticos da planta. Tradicionalmente, ela é usada para tecer cestas, proteger roupas ou lençóis, acender fogueiras e produzir alimentos.

Combina com...
Trigo, para celebrar uma promoção no trabalho.

Louro, para desejar sucesso em uma nova empreitada.

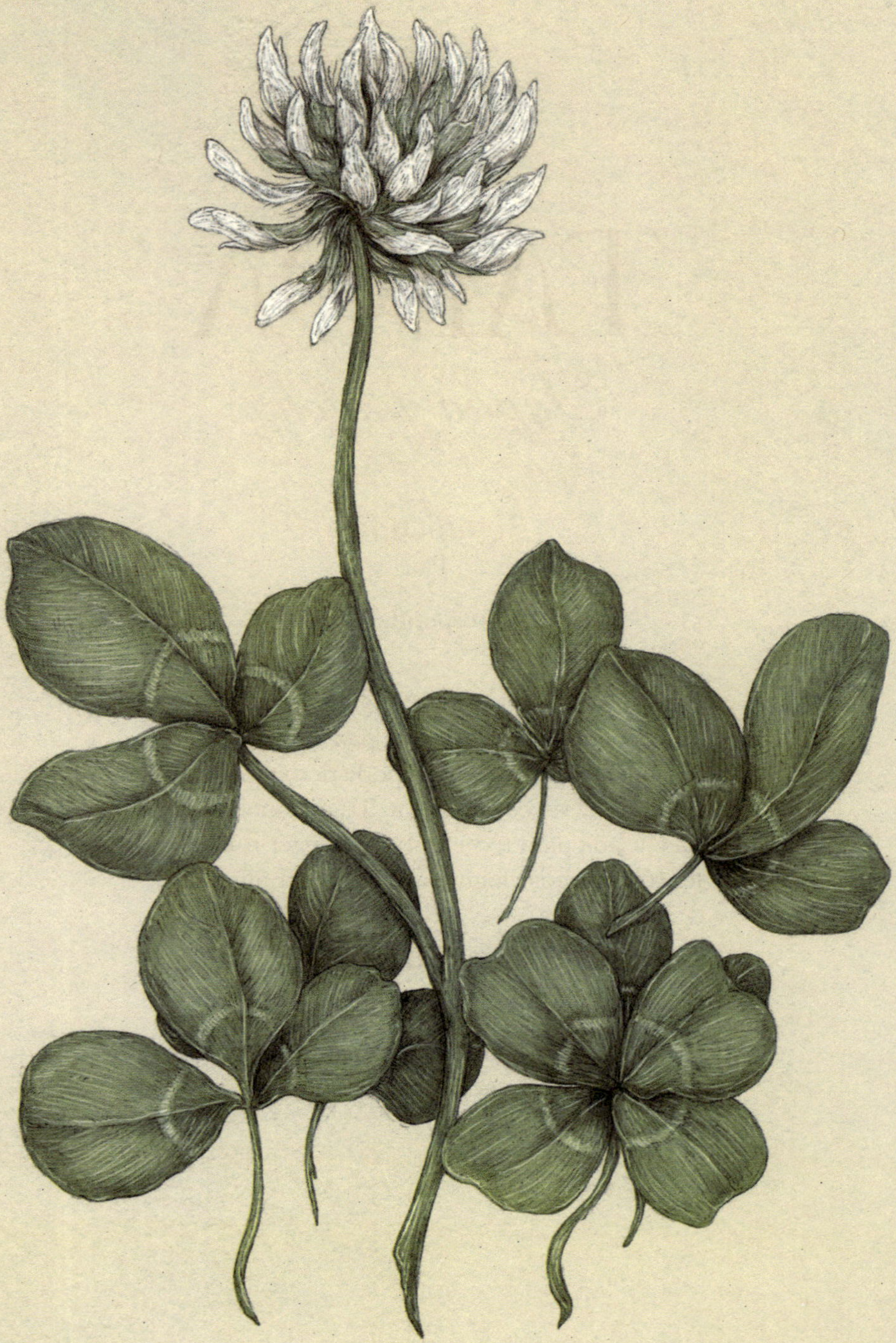

TREVO
Trifolium

Significado:
Boa sorte

Origem:
Os trevos, principalmente os de quatro folhas, estão associados à boa sorte há séculos. Na Irlanda, os antigos druidas acreditavam que carregar um trevo consigo possibilitava detectar maus espíritos. Mais tarde, na Idade Média, esse mesmo povo afirmava que as fadas se materializavam diante das pessoas que guardavam esse auspicioso trevo. Em 1620, no registro mais antigo da associação entre o trevo e a sorte, sir John Melton escreveu: "Se qualquer homem que andar pelos campos encontrar um trevo de quatro folhas, irá, algum tempo depois, encontrar algo bom".

Combina com...
Urze e trigo, para desejar boa sorte em um novo empreendimento.

Flor-de-maçã e dente-de-leão, para expressar esperança de que os desejos do destinatário vão se realizar.

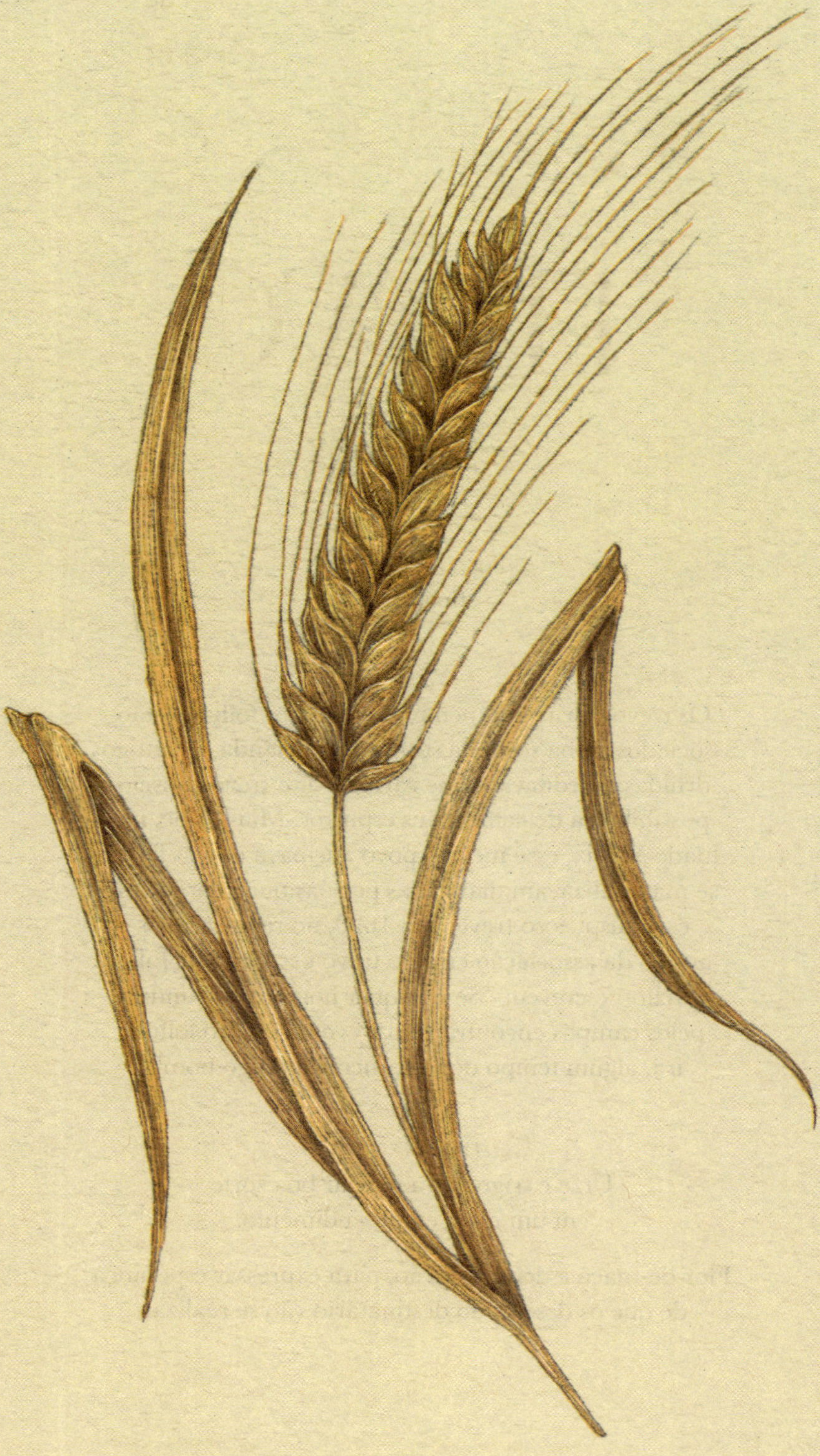

TRIGO
Triticum

Significados:
Riqueza

Abundância

Origem:
Com caules grossos, o trigo dourado há muito tem sido associado à riqueza e à abundância. Nos tempos antigos, possuir grandes depósitos de trigo significava ter riqueza, e uma farta colheita desse cereal era sinônimo de prosperidade no ano vindouro.

Combina com...
Trevo, para ter sorte em uma nova empreitada.

Begônia, para retribuir um favor.

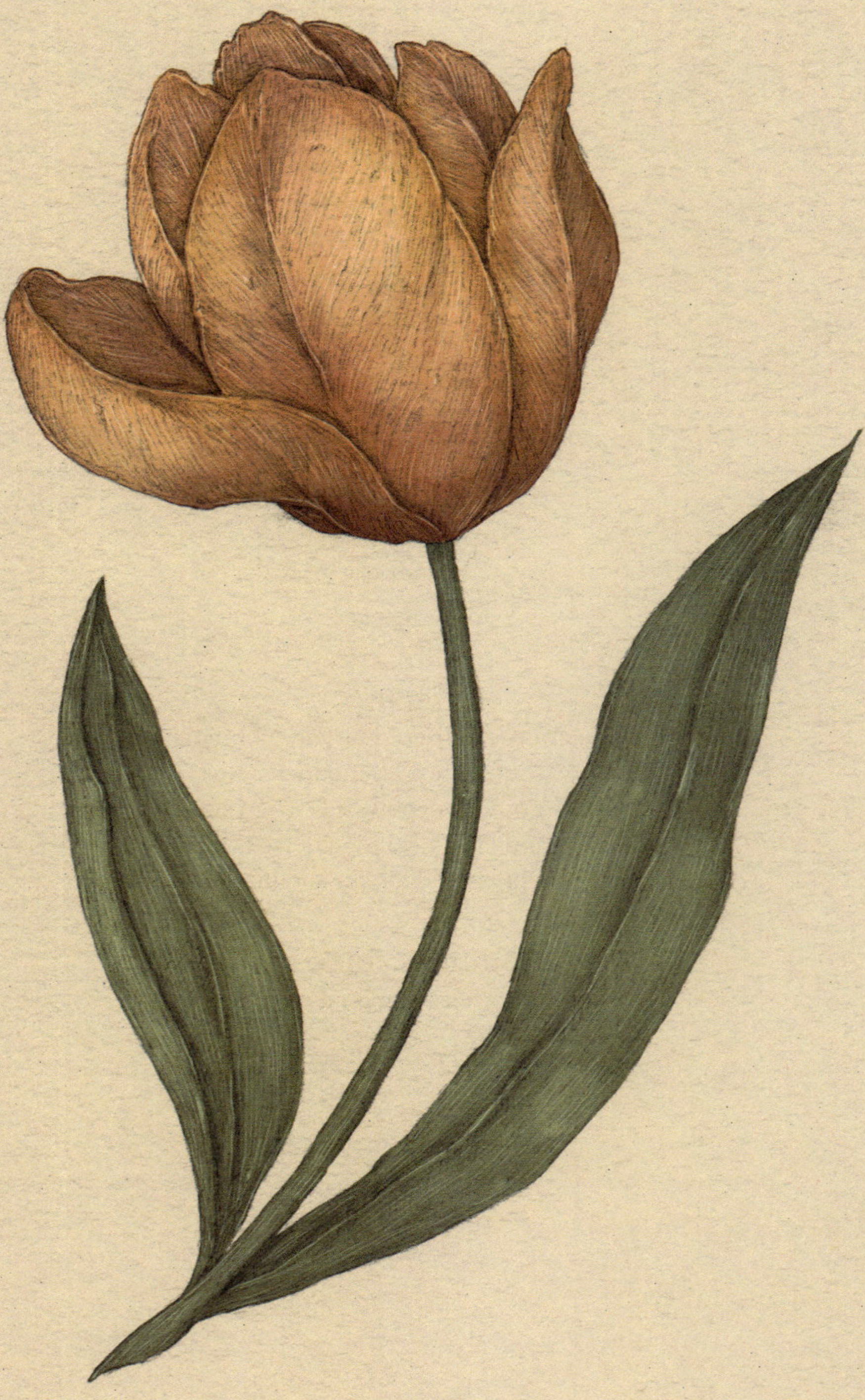

FLORIOGRAFIA

TULIPA
Tulipa

Significado:
Declaro meu amor por você

Origem:
Uma lenda turca fala de dois amantes, Ferhad e Shirin, que desejam estar juntos, mas cujo amor é proibido. Quando Ferhad ouve um boato de que Shirin tirou a própria vida, ele se suicida para permanecer com sua amada por toda a eternidade. As tulipas — símbolos da devoção de Ferhad — brotam onde seu sangue foi derramado.

Combina com...
Botão-de-ouro, para demonstrar carinho por um novo e encantador amor.

Hera, para presentear um casal que noivou recentemente.

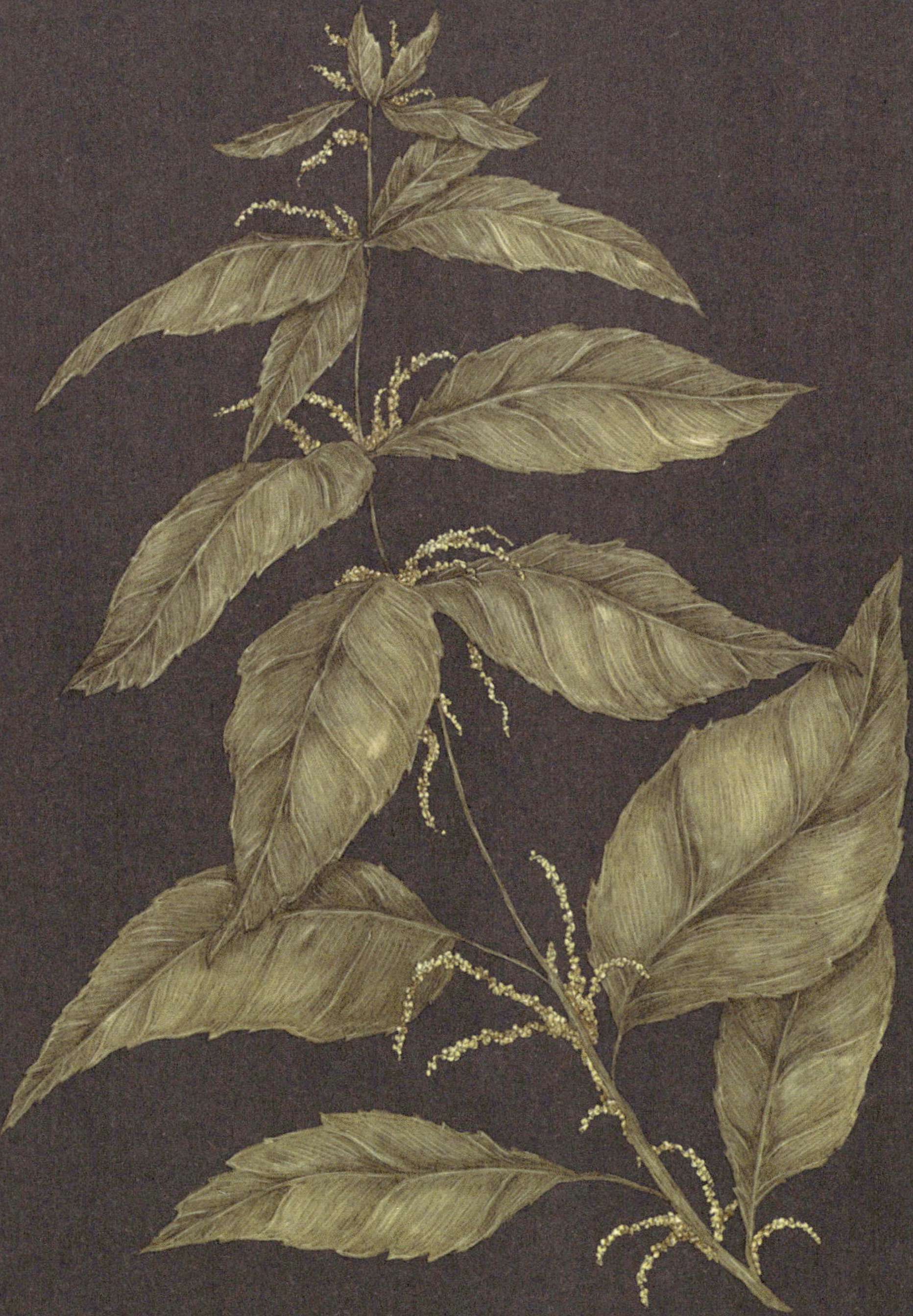

Floriografia

Urtiga
Urtica

Significado:
Crueldade

Origem:
Os pelos finos que recobrem as folhas da urtiga podem causar reações muito dolorosas em contato com a pele. No conto de fadas de Hans Christian Andersen, "Os Cisnes Selvagens", uma jovem princesa chamada Elise precisa salvar seus onze irmãos depois que eles foram transformados em cisnes por sua rancorosa madrasta. Para quebrar a maldição, Elise é instruída por uma fada a colher urtigas e tecer camisas para cada um dos irmãos. Enquanto ela trabalha em silêncio, as urtigas picam e queimam suas mãos com crueldade. Acusada de feitiçaria pelo comportamento estranho, Elise é condenada a queimar na fogueira. Pouco antes de ser encaminhada para a morte, ela joga as camisas com urtiga sobre seus irmãos, transformando-os de volta em humanos. Uma camisa, no entanto, não tinha sido finalizada, e o irmão mais novo fica com uma asa em vez de um braço.

Combina com...
Oleandro, para avisar alguém que sua traição foi descoberta.

Petúnia, para dizer a alguém que seu pedido de desculpas não foi sincero.

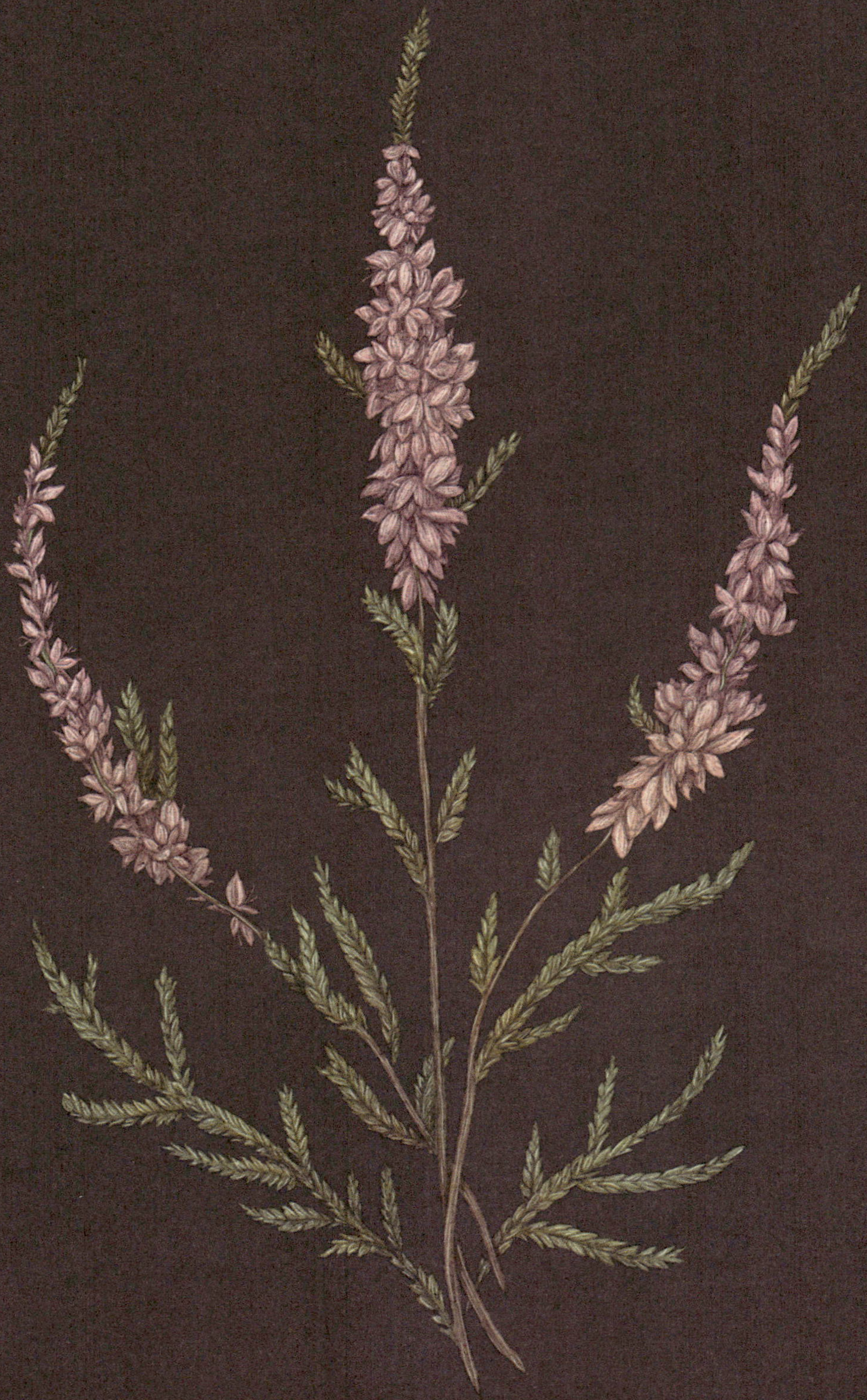

URZE
Calluna

Significados:
Sorte

Proteção

Origem:
O significado da urze vem do folclore escocês. No século III, Malvina, uma beldade lendária, foi prometida a um corajoso guerreiro chamado Oscar. Quando Oscar estava prestes a morrer na batalha, instruiu um mensageiro a entregar um raminho de urze roxa para sua futura esposa como símbolo de seu amor eterno. Quando as lágrimas de Malvina caíram sobre a flor, sua cor mudou de roxo para branco. A partir de então, diz-se que a urze transforma tristeza em boa sorte e proteção. Historicamente, muitos guerreiros escoceses usaram a urze branca em suas vestes por esta razão.

Combina com...
Rosa, para celebrar o início de um novo relacionamento.

Taboa, para desejar saúde a um amigo que aguarda um diagnóstico.

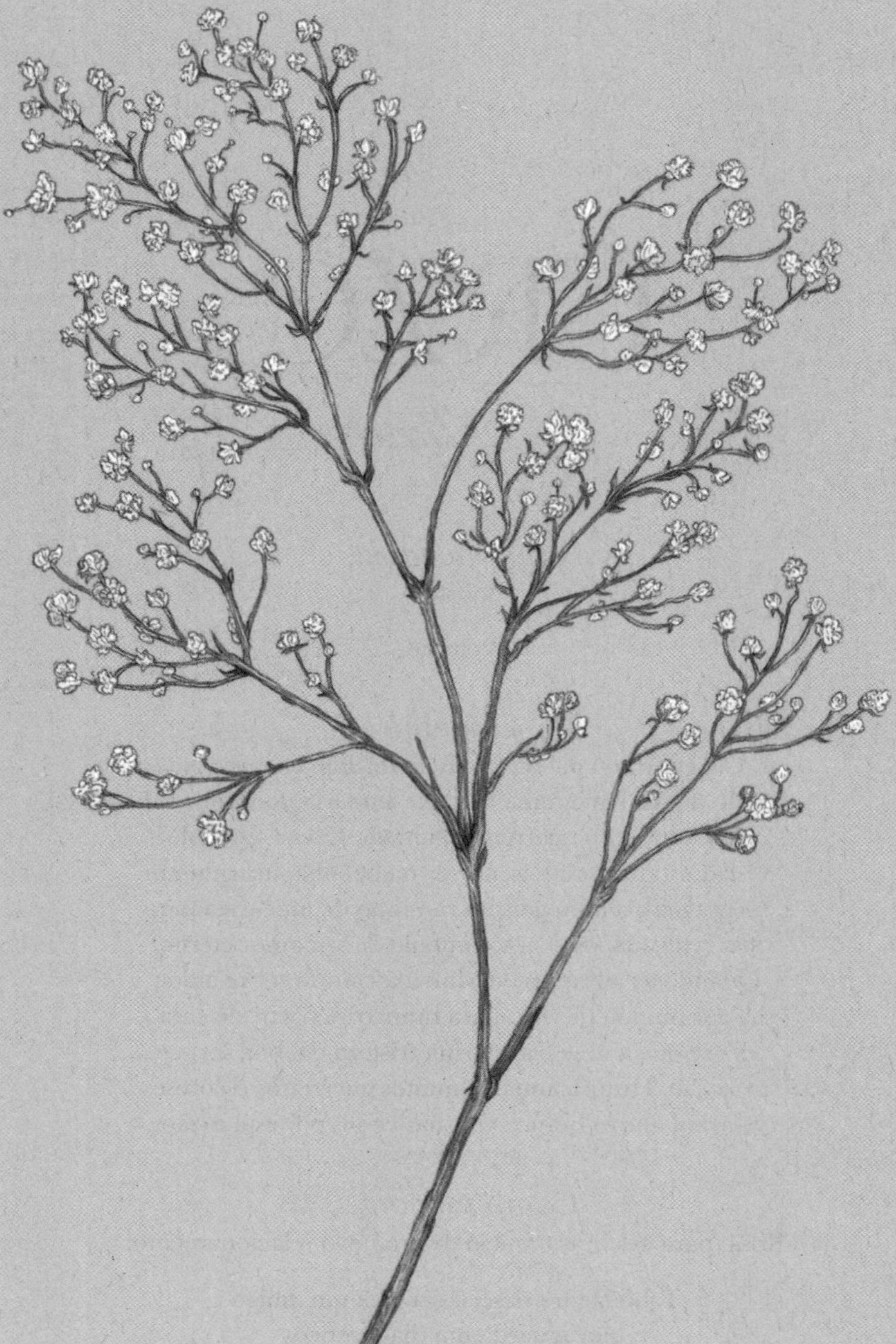

VÉU-DE-NOIVA

Gypsophila

Significados:
Pureza

Inocência

Origem:
No fim do século XIX, a planta *Gypsophila* foi apelidada de *baby's breath* ("respiração de bebê") na Inglaterra devido ao perfume agradável e às flores véu de noiva. Esta flor é muito usada em buquês de casamento, assim como em arranjos para presentear mães que acabaram de dar à luz. No Brasil, ela também é conhecida como mosquitinho.

Combina com...
Lírio, para presentear pais que acabaram de ter filhos.

Cenoura-silvestre, para presentear e agradecer aos padrinhos pela proteção e zelo para com o afilhado.

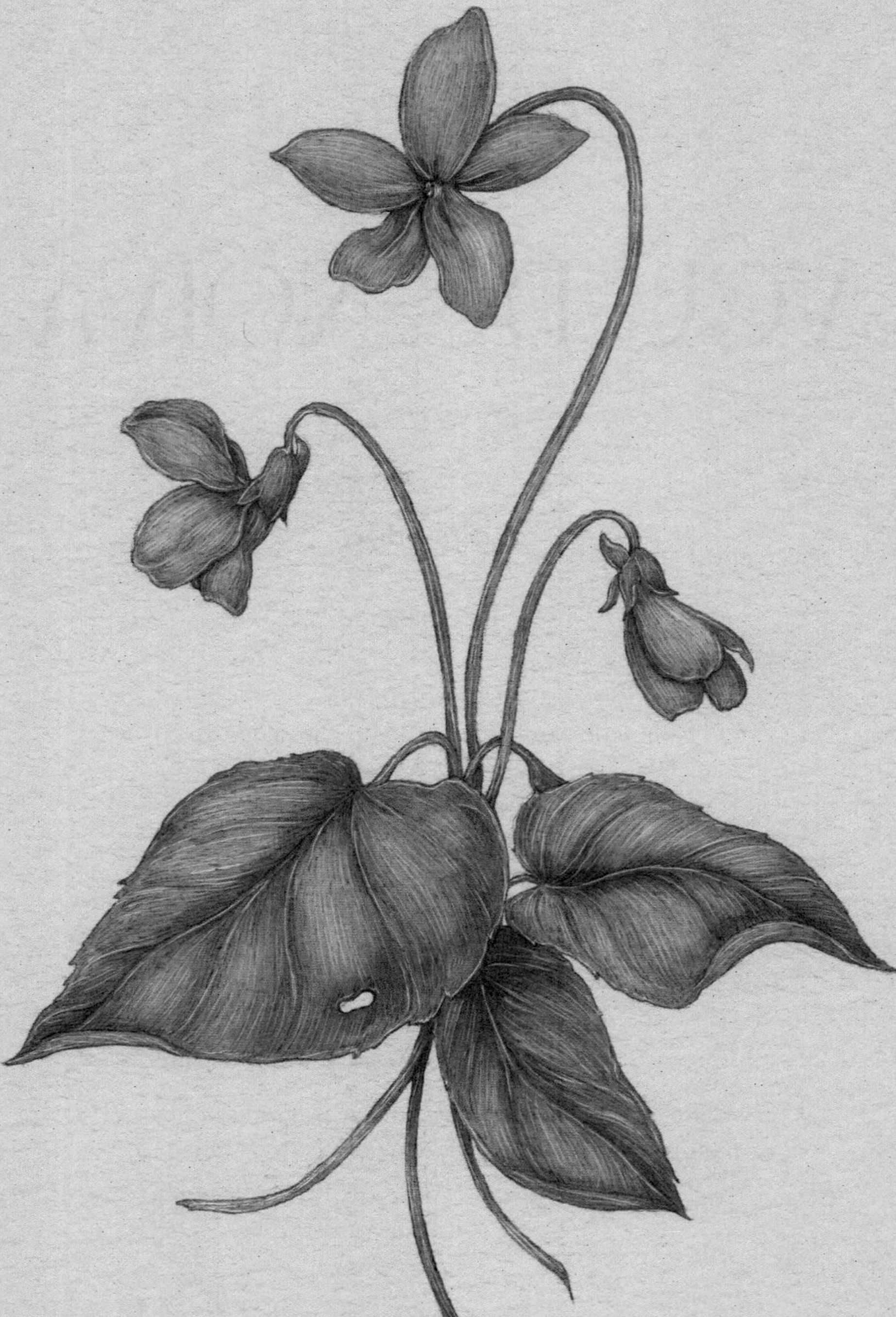

FLORIOGRAFIA

VIOLETA
Viola odorata

Significado:
Modéstia

Origem:
A violeta cresce com as pétalas rente ao chão: uma imagem que remete à modéstia. Originalmente, foi a flor que simbolizava o Dia dos Namorados: diz-se que São Valentim, quando estava na prisão por tentar propagar o cristianismo, esmagou violetas que cresciam perto de sua cela para fazer tinta. Diz a lenda que ele usou essa tinta para escrever uma carta para a filha do carcereiro, a quem ele havia curado da cegueira. No final da carta, ele assinou como *Your Valentine* (seu Valentim), inspirando, assim, séculos de cartas românticas: nos países de língua inglesa, virou tradição enviar cartões de Dia dos Namorados com essa assinatura para expressar dedicação e amor.

Combina com...
Jacinto-dos-campos, para presentear um amigo querido que é tudo para você.

Louro, para mostrar a um amigo que você está orgulhoso das realizações dele.

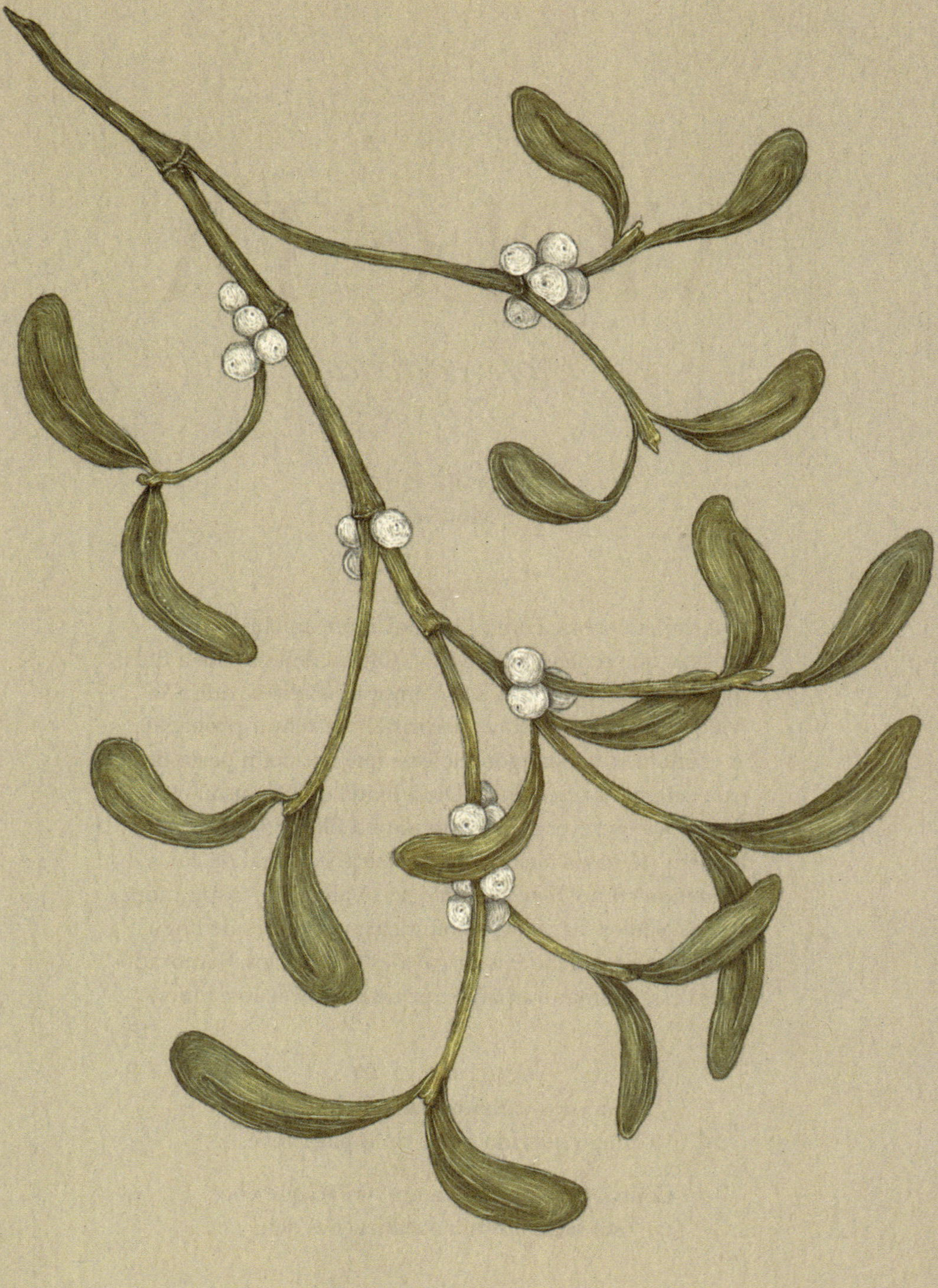

Floriografia

VISCO
Viscum

Significado:
Superação das dificuldades

Origem:
Na mitologia nórdica, o amado deus Balder era atormentado por sonhos com sua morte iminente. Por causa disso, Frigga, sua dedicada mãe, fez com que tudo na natureza prometesse não feri-lo. Infelizmente, ela se esqueceu do visco. Loki, deus da maldade, criou uma flecha com a planta e induziu o irmão de Balder a matá-lo com ela. Em meio ao seu sofrimento, Frigga implorou aos outros deuses para trazer Balder de volta, o que eles fizeram, provando que ele podia superar todas as dificuldades, até a própria morte. Atualmente, o uso do visco como decoração de Natal é um resquício das celebrações druídicas do solstício de inverno. O brilhante fruto de inverno, extraído do carvalho, era visto como um símbolo de esperança durante a época mais sombria e difícil do ano.

Combina com...
Amarílis, para demonstrar confiança em superar um desafio.

Orquídea-sapatinho, para exprimir sua fé
de que bons ventos estão chegando.

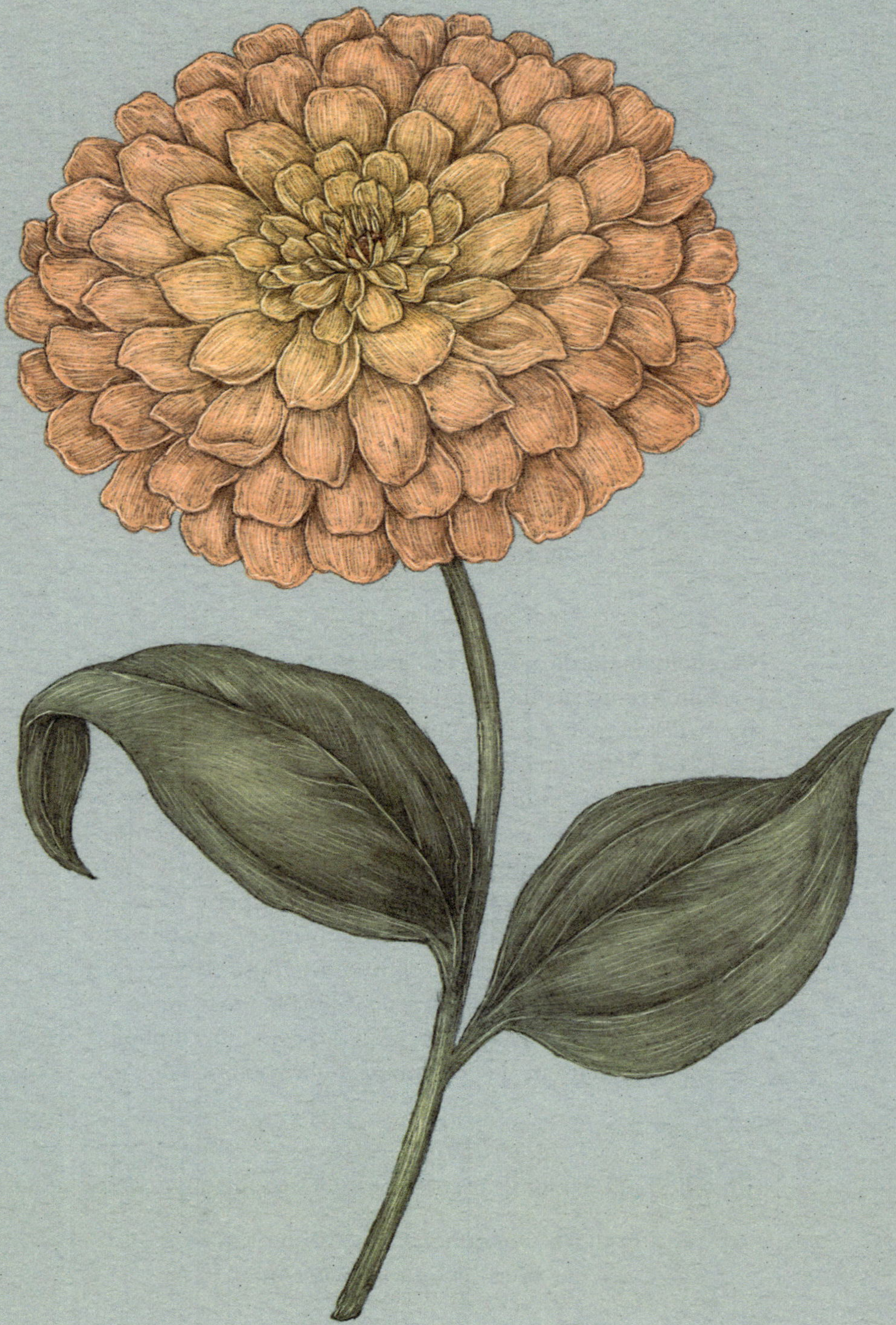

FLORIOGRAFIA

ZÍNIA
Zinnia

Significado:
Amizade eterna

Origem:
Como as zínias são fáceis de cultivar e replantar, os vitorianos as associavam à amizade eterna. Um buquê de zínias era um presente comum para um amigo que estava prestes a viajar, para expressar que ele faria falta e não seria esquecido enquanto estivesse fora.

Combina com...
Jasmim, para dizer a um amigo que ele faz você feliz.

Camomila, para demonstrar apreço por uma amizade que sobreviveu à adversidade.

BUQUÊS

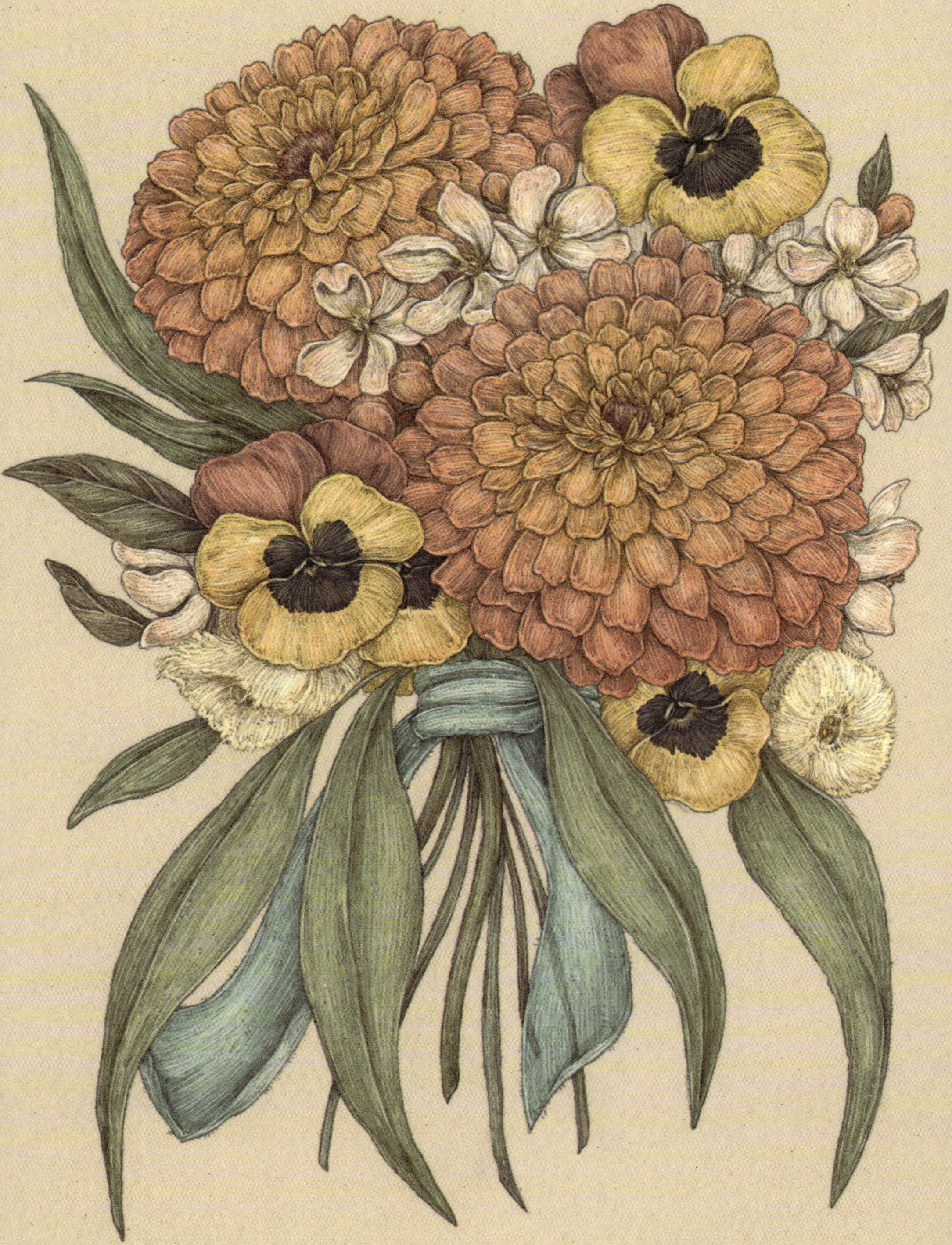

Floriografia

Buquê da Amizade

Monte este buquê para ofertar a uma pessoa por quem você sente grande amizade, para celebrar o relacionamento de vocês. Assim, você alegrará o dia dessa pessoa especial e ela saberá que você está pensando nela com carinho.

Arranje as flores em um buquê preso com uma fita de seda azul-esverdeada:

Zínia, para demonstrar amizade eterna;

Flor-de-maçã, para expressar predileção;

Amor-perfeito, para mostrar ao seu amigo que você pensa nele;

Eucalipto, para proteger e fortalecer os laços de amizade, para que ela dure muitos anos.

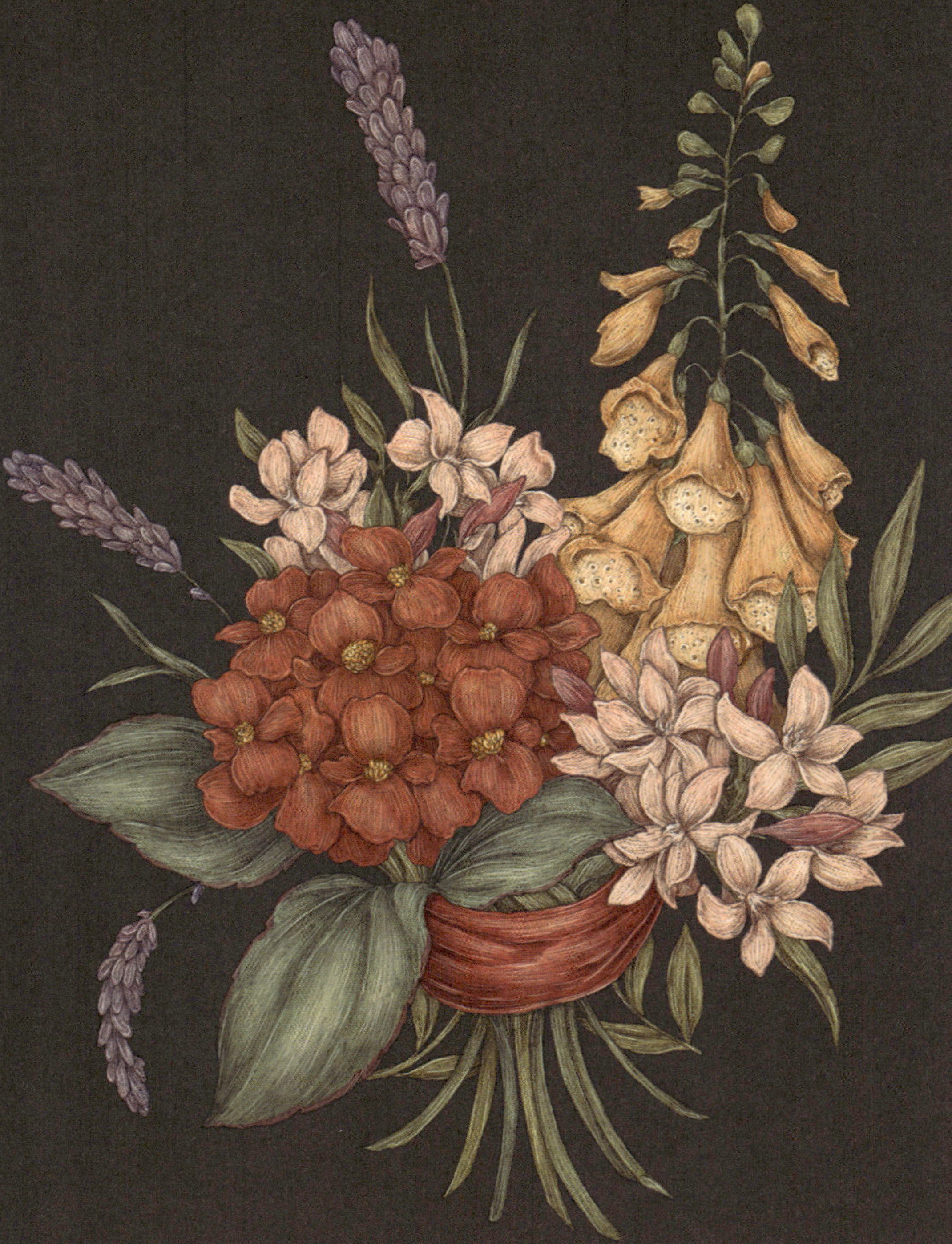

FLORIOGRAFIA

BUQUÊ DE ALERTA

Este buquê é útil para alertar alguém em quem você não confia ou para indicar que há perigo à vista.

Arranje as flores em um buquê preso com uma faixa vermelha brilhante:

Begônia, para expressar alerta;

Oleandro, para demonstrar cautela;

Lavanda, para exprimir desconfiança;

Dedaleira, para pedir sigilo.

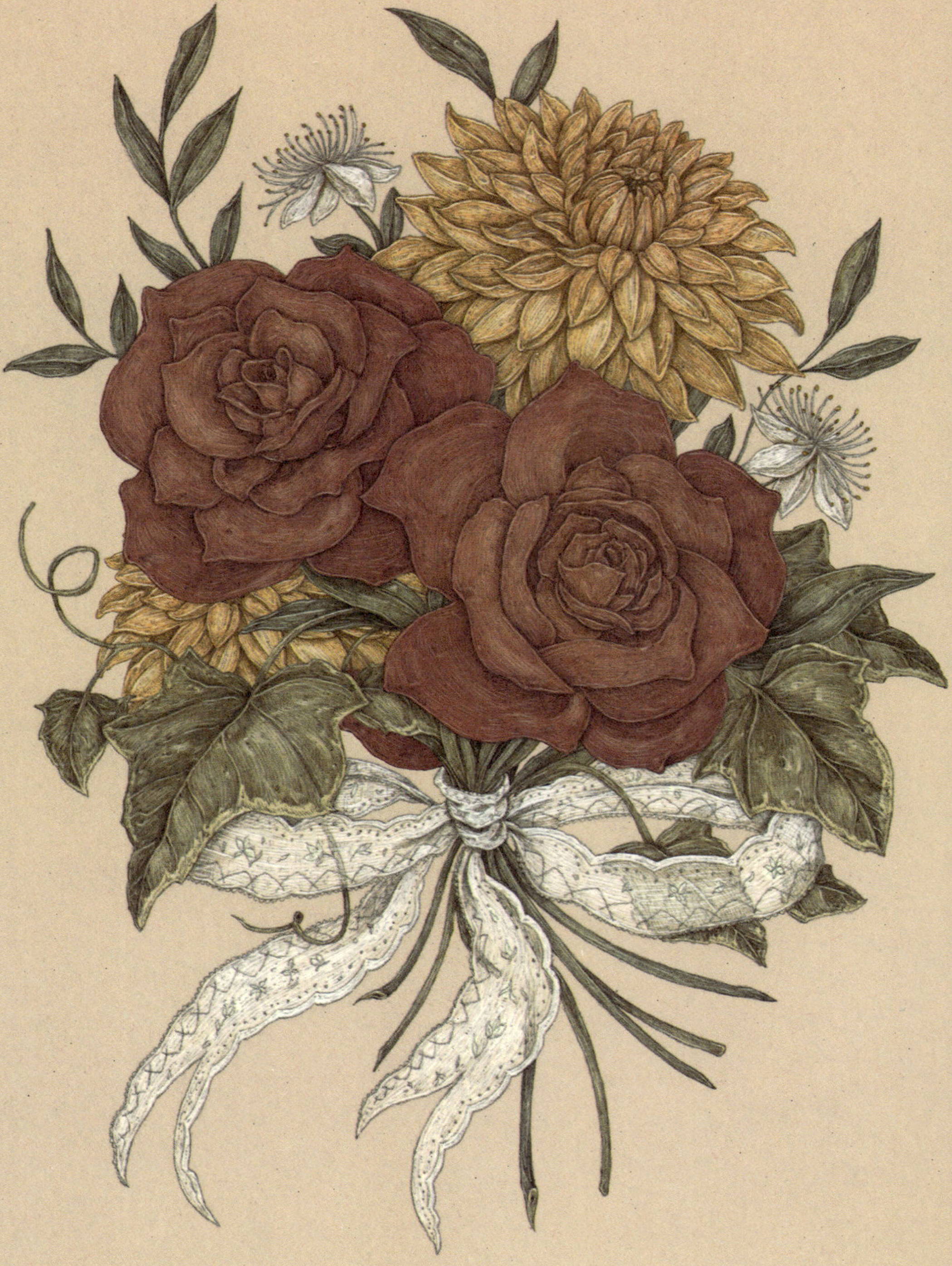

Floriografia

Buquê de Casamento

Este arranjo pode ser usado por uma noiva a caminho do altar, para presentear recém-casados ou para decorar uma festa de noivado.

Arranje as flores em um buquê preso com uma fita de renda branca:

Rosas vermelhas, para celebrar o amor verdadeiro;

Hera, para demonstrar fidelidade;

Murta, para declarar esperança e amor no casamento;

Dália, para reiterar compromisso e amor eterno.

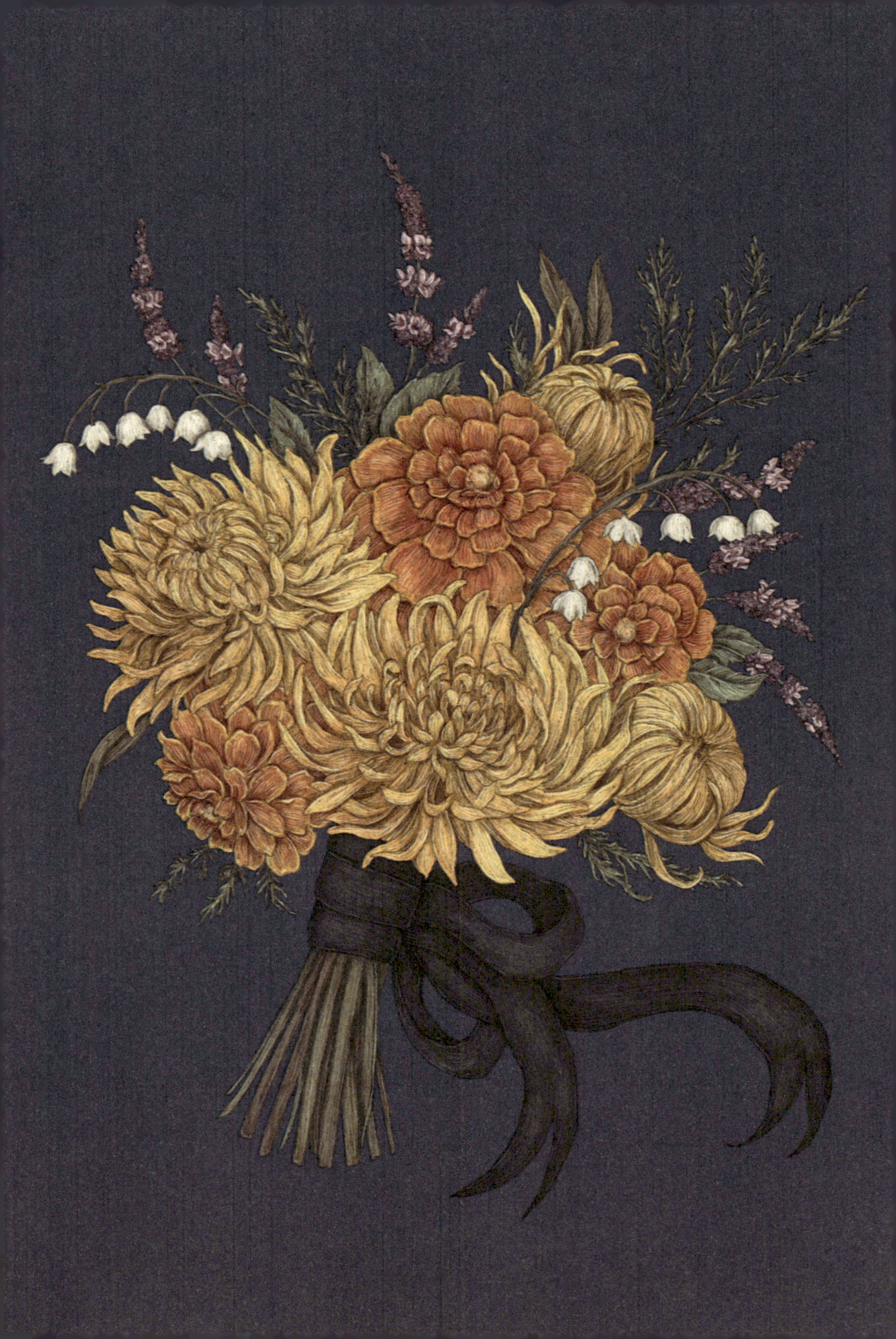

Floriografia

BUQUÊ DE COMPAIXÃO

Monte este buquê para uma pessoa querida que esteja enlutada, em respeito à sua perda, ou para presenteá-la com carinho durante um momento difícil.

Arranje as flores em um buquê preso com uma fita de veludo preto:

Crisântemo, para manifestar condolências;

Calêndula, para expressar dor;

Lírio do vale, para mostrar que dias melhores virão;

Cipreste, para demonstrar luto;

Hortelã, para confortar.

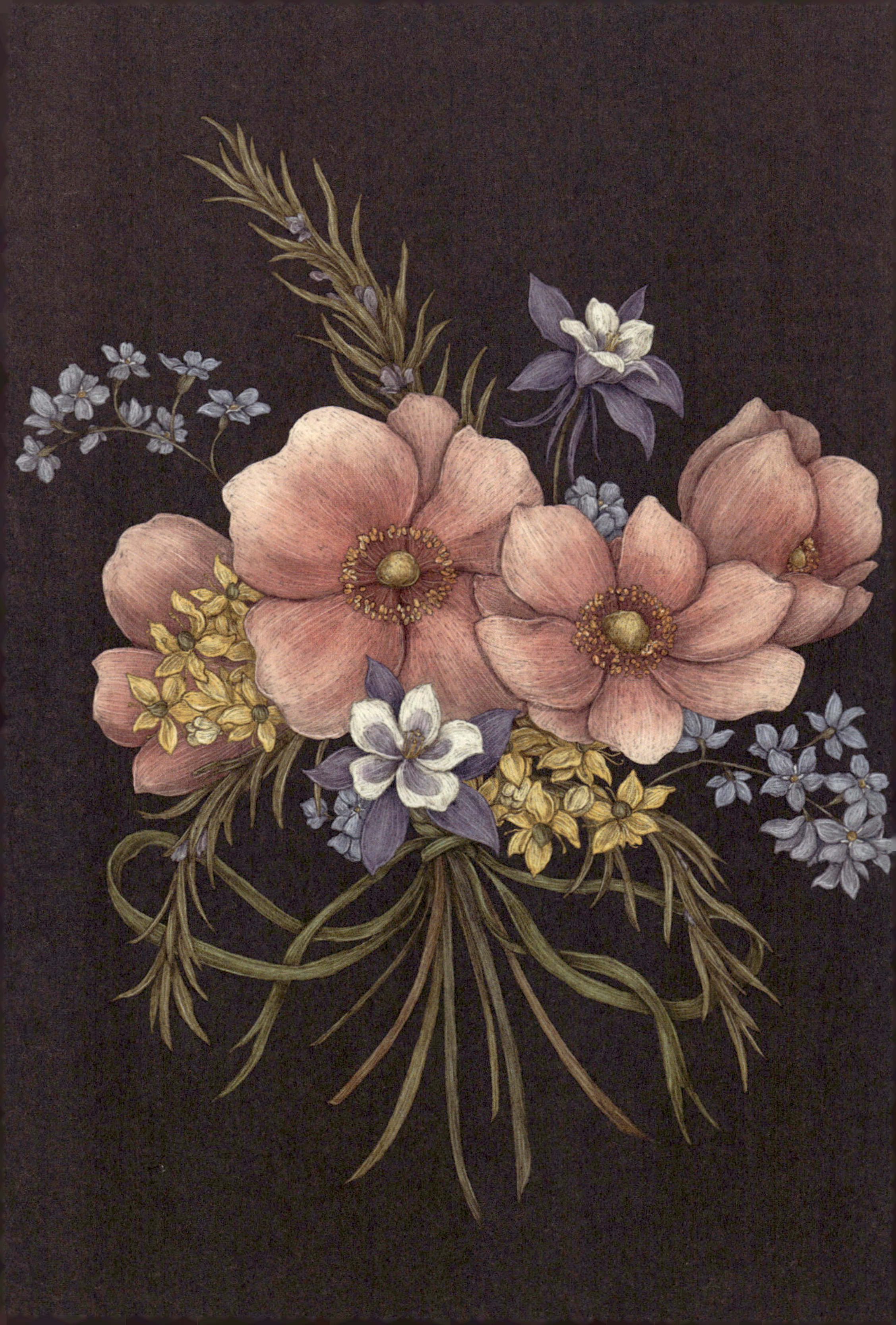

FLORIOGRAFIA

BUQUÊ DE DESCULPAS
pelo esquecimento de um compromisso

Monte este buquê para se desculpar por perder uma celebração importante ou por esquecer um compromisso social.

Arranje as flores em um buquê preso com uma fita de juta verde:

Aquilégia, para demonstrar tolice;

Arruda, para expressar arrependimento;

Anêmona, para lamentar o amor abandonado;

Miosótis, para indicar que você não vai se esquecer de novo;

Alecrim, para reiterar a lembrança.

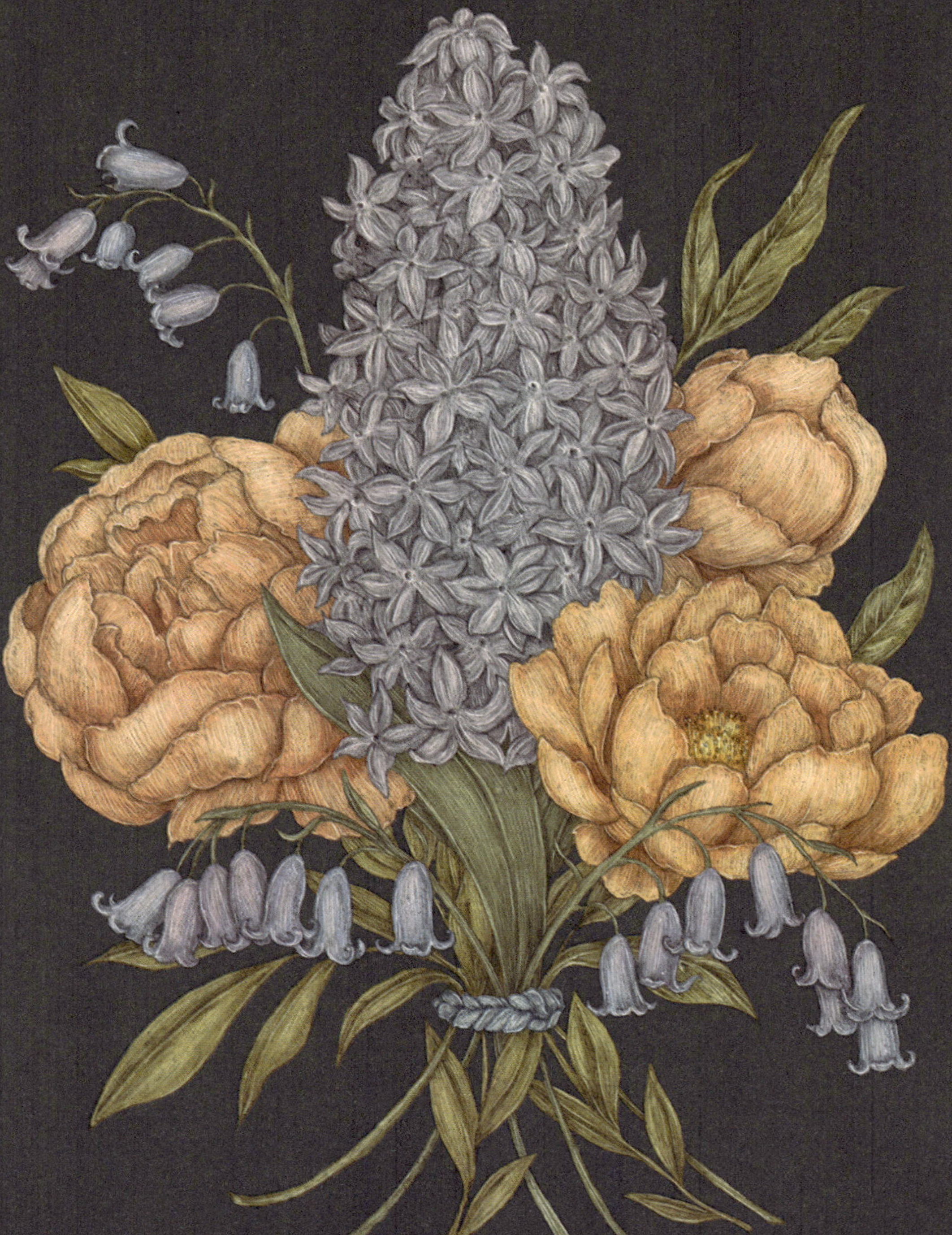

Floriografia

BUQUÊ DE PEDIDO DE DESCULPAS

Use este arranjo para pedir desculpas por um erro ou um mau comportamento, para pedir perdão e fazer as pazes.

Arranje as flores em um buquê preso com um tecido azul trançado:

Jacinto, para pedir perdão;

Jacinto-dos-campos, para expressar humildade;

Peônia, para demonstrar timidez;

Ramo de oliveira, para pedir paz.

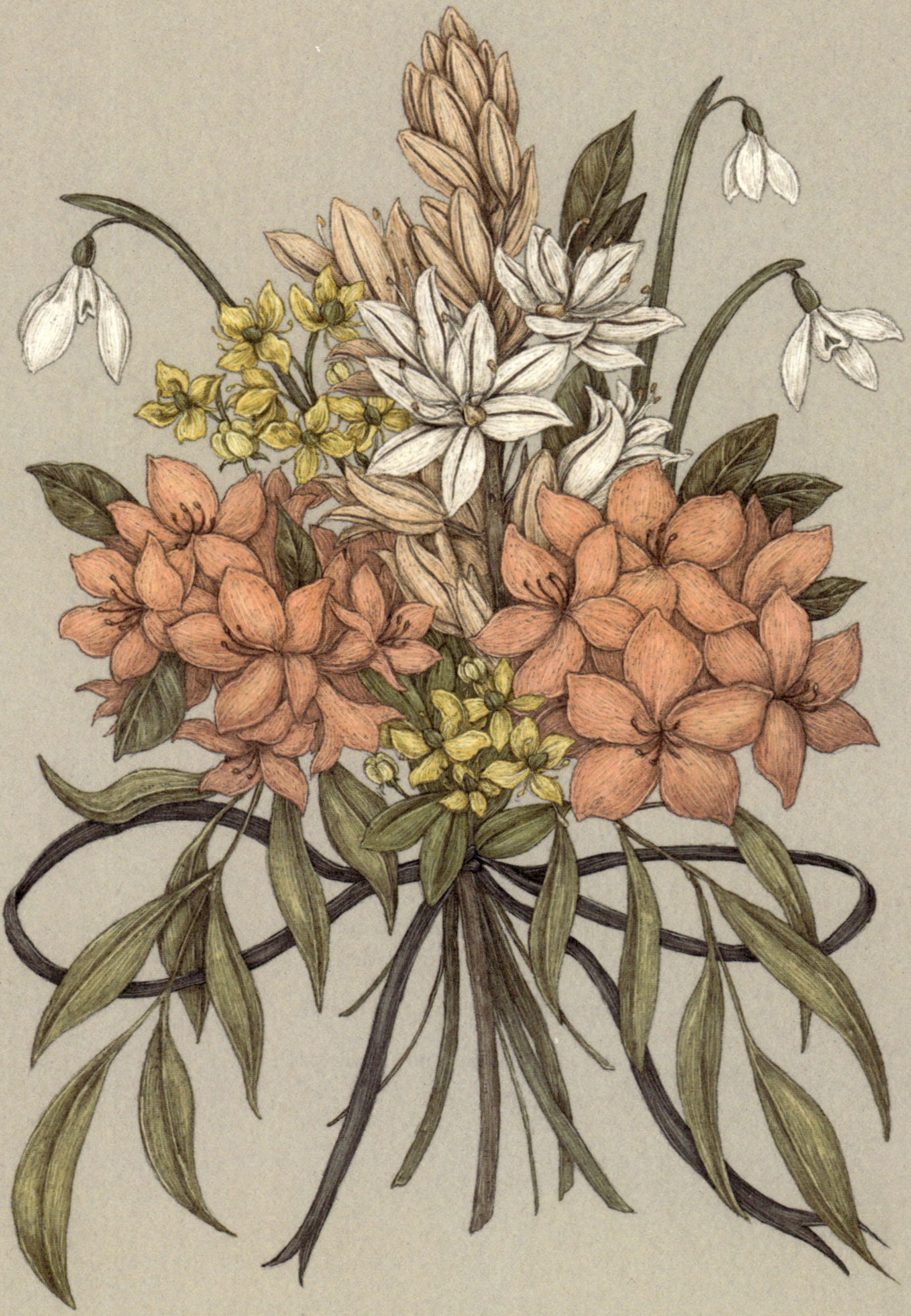

FLORIOGRAFIA

BUQUÊ DE TRISTEZA E PESAR

Este buquê é adequado para um ente querido que está sofrendo por um coração partido ou uma separação, para confortar e consolar, ou para lembrar a uma pessoa de que ela é amada.

Arranje as flores em um buquê preso com um fino laço preto:

Asfódelo, para indicar que seu pesar seguirá você até o túmulo;

Azaleia, para simbolizar a fragilidade em um momento difícil;

Fura-neve, para demonstrar consolo e esperança de que dias melhores virão;

Arruda, para mostrar pesar;

Salgueiro, para demonstrar luto.

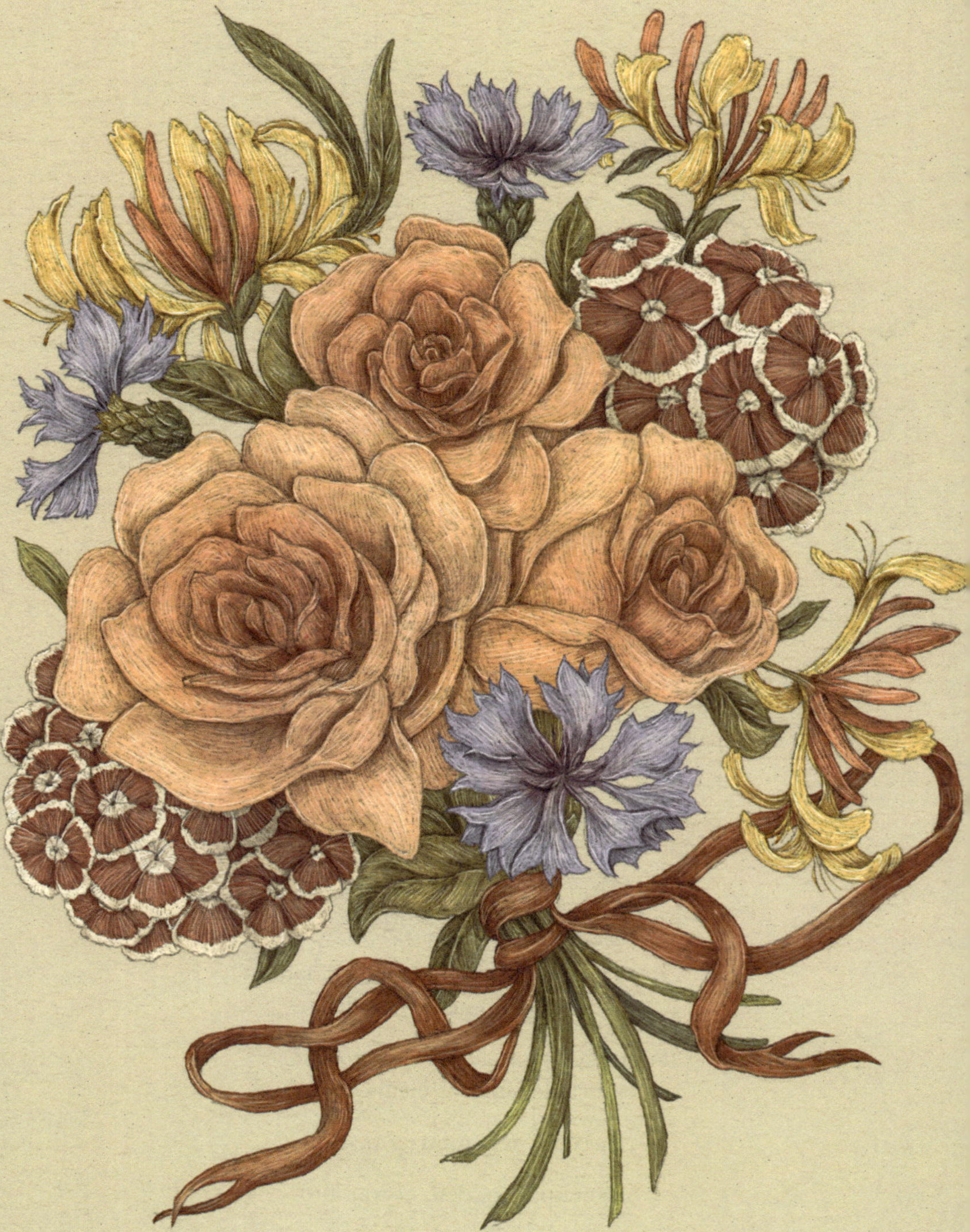

FLORIOGRAFIA

BUQUÊ DOS ENAMORADOS

Este buquê é perfeito para presentear
um novo amor, para emocioná-lo
ou para afirmar sua fidelidade.

*Arranje as flores em um
buquê preso com uma fita
de seda vermelha:*

Rosas vermelhas, para simbolizar
um romance promissor;

Centáurea, para mostrar que
você acredita nesse amor;

Cravina, para ser amável e gentil;

Madressilva, para demonstrar
carinho e dedicação.

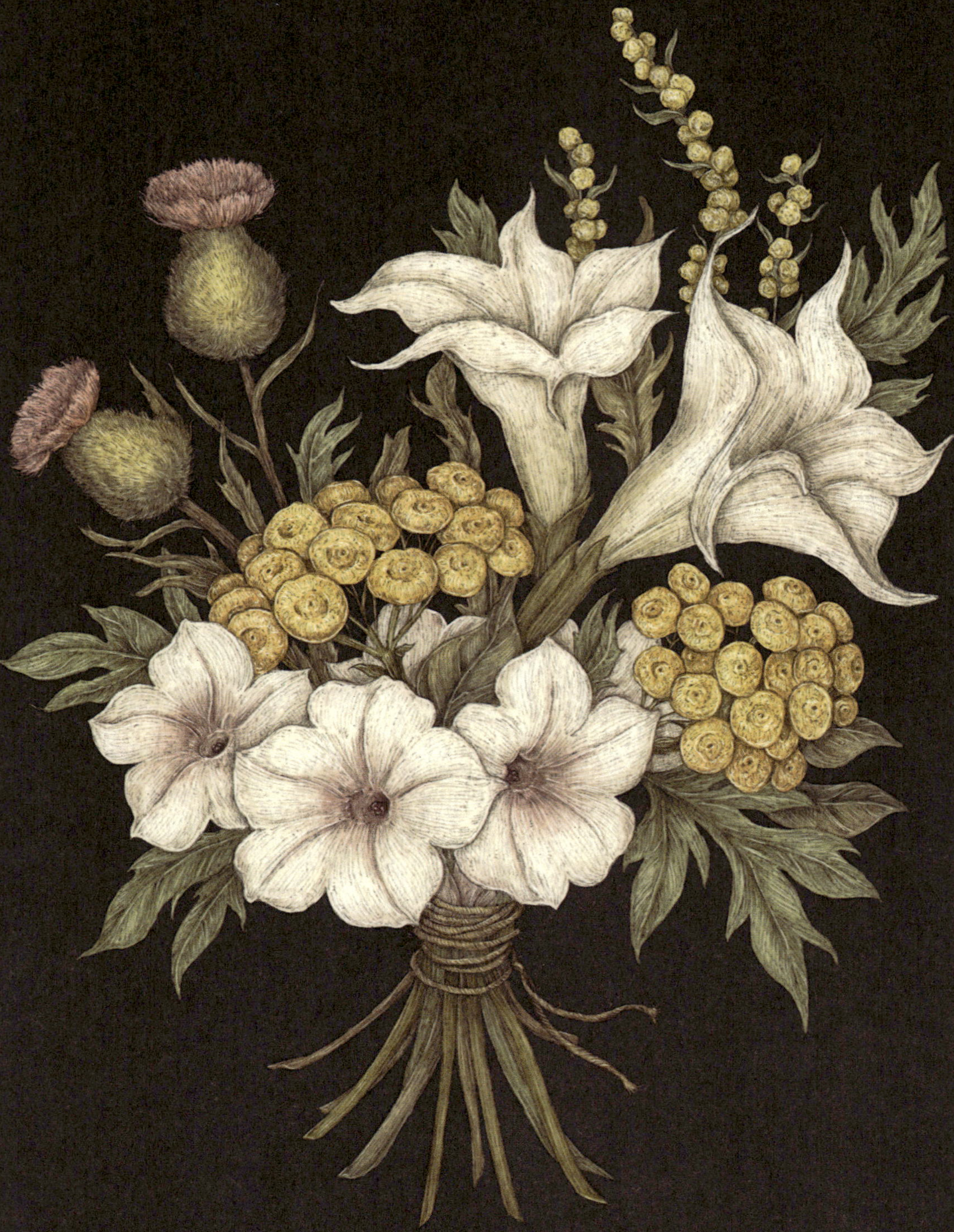

FLORIOGRAFIA

BUQUÊ PARA FINAIS AMARGOS

Este arranjo é um lembrete duradouro de uma amizade ou relacionamento que terminou mal.

Arranje as flores em um buquê preso com um barbante:

Petúnias, para expressar raiva e ressentimento;

Estramônio, para exprimir os encantos traiçoeiros;

Atanásia, para demonstrar hostilidade;

Cardo, para revelar melancolia;

Losna, para demonstrar amargura.

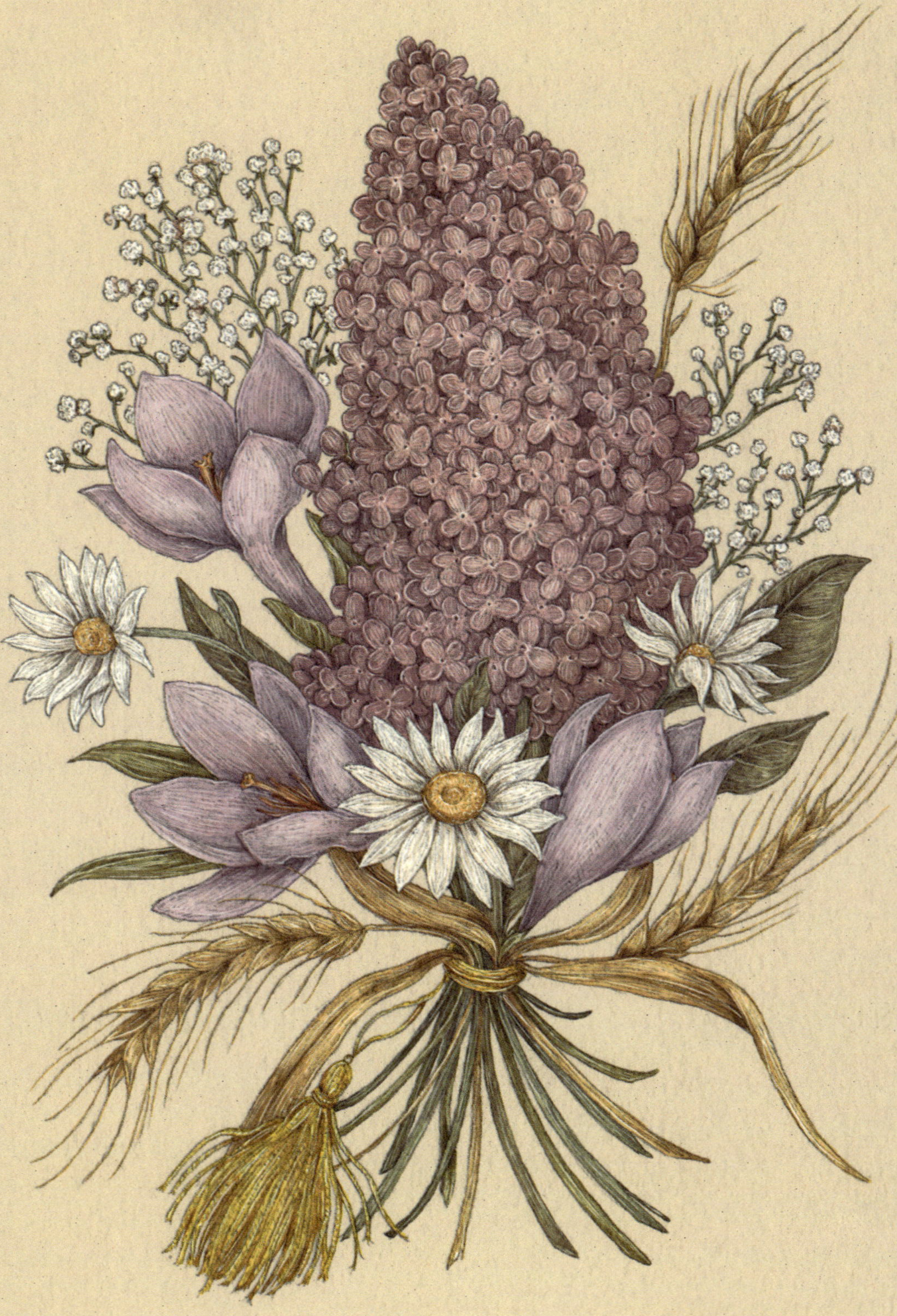

Floriografia

BUQUÊ PARA RECOMEÇOS

Este buquê é perfeito para celebrar a chegada de um novo integrante na família ou de um novo empreendimento na vida de alguém. Também pode ser um lindo presente para festejar a inauguração de uma nova casa.

Arranje as flores em um buquê preso com uma borla amarela:

Açafrão, para exprimir alegria juvenil;

Margarida, para expressar inocência e pureza infantil;

Lilás, para manifestar o primeiro amor;

Véu-de-noiva, para demonstrar pureza e inocência;

Trigo, para aludir às riquezas.

FLORIOGRAFIA
GUIA RÁPIDO DE SIGNIFICADOS

ADVERTÊNCIA E DESCONTENTAMENTO

Aquilégia: *Tolice*
Arruda: *Arrependimento*
Atanásia: *Hostilidade*
Begônia: *Retribuição de um favor; Um aviso de alerta*
Beladona: *Silêncio*
Boca-de-leão: *Presunção*
Botão-de-ouro: *Você tem um charme radiante*
Cardo: *Melancolia*
Cicuta: *Morte*
Dedaleira: *Charadas; Segredos*
Estramônio: *Encantos traiçoeiros*
Girassol: *Falsas riquezas*
Heléboro: *Vamos superar o escândalo e a calúnia*
Hortênsia: *Ostentação; Crueldade*
Lavanda: *Desconfiança*
Losna: *Amargor*
Magnólia: *Dignidade*
Manjericão: *Ódio*
Oleandro: *Cautela*
Papoula: *Sono eterno*
Petúnia: *Raiva; Rancor*
Samambaia: *Magia; Mistério*
Urtiga: *Crueldade*

AMIZADE

Açafrão: *Contentamento; Alegria juvenil*
Acônito: *Cavalaria*
Alecrim: *Lembrança; Sabedoria*
Amor-perfeito: *Você está nos meus pensamentos*
Áster: *Delicadeza*
Botão-de-ouro: *Você tem um charme radiante*
Camélia: *Saudade de você*
Carvalho: *Coragem*
Clematite: *Criatividade; Inteligência*
Cravina: *Galanteio*
Edelvais: *Coragem; Ousadia*
Ervilha-de-cheiro: *Gratidão pelo ótimo momento que passamos juntos*
Espinheiro-branco: *Esperança*
Estafiságria: *Leveza*
Eucalipto: *Proteção*
Flor-de-maçã: *Escolha*
Heléboro: *Vamos superar o escândalo e a calúnia*

216

Hera: *Fidelidade; Apego*
Hissopo: *Limpeza*
Hortelã: *Conforto*
Íris: *Coragem; Sabedoria; Fé*
Jacinto-dos-campos: *Humildade; Lealdade*
Jasmim: *Amabilidade; Alegria*
Lírio-do-vale: *Retorno da felicidade*
Lírio: *Pureza*
Louro: *Glória; Vitória; Sucesso*
Madressilva: *Devoção; Afeto*
Magnólia: *Dignidade*
Miosótis: *Não me esqueça*
Oliveira: *Paz*
Orquídea: *Elegância; Beleza*
Prímula: *Ser agraciado*
Taboa: *Paz; Prosperidade*
Urze: *Sorte; Proteção*
Violeta: *Modéstia*
Visco: *Superação das dificuldades*
Zínia: *Amizade eterna*

AMOR E ROMANCE

Acônito: *Cavalaria*
Amor-perfeito: *Você está nos meus pensamentos*
Botão-de-ouro: *Você tem um charme radiante*
Camélia: *Saudade de você*
Camomila: *Força em meio à adversidade*
Centáurea: *Esperança no amor*
Corniso: *Nosso amor vai superar as adversidades*
Cravina: *Galanteio*
Dália: *Amor eterno; Compromisso*
Edelvais: *Coragem; Ousadia*
Espinheiro-branco: *Esperança*
Eucalipto: *Proteção*
Flor-de-laranjeira: *Amor eterno*
Flor-de-maçã: *Escolha*
Heléboro: *Vamos superar o escândalo e a calúnia*
Hera: *Fidelidade; Apego*
Lilás: *Primeiro amor; Lembrança*
Lírio: *Pureza*
Madressilva: *Devoção; Afeto*
Miosótis: *Não me esqueça*
Murta: *Amor*
Orquídea: *Elegância; Beleza*
Peônia: *Timidez*
Rosa: *Amor*
Tulipa: *Declaro meu amor por você*

CORAÇÃO PARTIDO

Anêmona: *Amor perdido*
Arruda: *Arrependimento*
Atanásia: *Hostilidade*
Azaleia: *Fragilidade; Moderação*
Calêndula: *Luto*
Camélia: *Saudade de você*
Camomila: *Força em meio à adversidade*
Cardo: *Melancolia*
Cipreste: *Morte; Luto*
Cravo: *Amor maternal eterno; Sofrimento*
Crisântemo: *Pêsames*
Estramônio: *Encantos traiçoeiros*
Fura-neve: *Consolo; Esperança*
Hortênsia: *Ostentação; Crueldade*
Jacinto: *Perdoe-me, por favor*
Lírio-do-vale: *Retorno da felicidade*
Manjericão: *Ódio*
Milefólio: *Cura para um coração partido*
Narciso: *Amor não correspondido*
Orquídea-sapatinho: *Capricho*
Palma-de-santa-rita: *Você partiu meu coração*
Salgueiro: *Luto*

CUMPRIMENTOS E VOTOS DE PARABÉNS

Açafrão: *Contentamento; Alegria juvenil*
Alecrim: *Lembrança; Sabedoria*
Amarílis: *Orgulho*
Cenoura-silvestre: *Santuário*
Clematite: *Criatividade; Inteligência*
Cravo: *Amor maternal eterno; Sofrimento*
Dália: *Amor eterno; Compromisso*
Edelvais: *Coragem; Ousadia*
Espinheiro-branco: *Esperança*
Eucalipto: *Proteção*
Flor-de-maçã: *Escolha*
Heléboro: *Vamos superar o escândalo e a calúnia*
Lírio: *Pureza*
Louro: *Glória; Vitória; Sucesso*
Margarida: *Inocência; Infância; Pureza*
Miosótis: *Não me esqueça*
Oliveira: *Paz*
Orquídea-sapatinho: *Capricho*
Passiflora: *Fé*
Prímula: *Ser agraciado*
Protea: *Transformação*
Rosa: *Amor*
Taboa: *Paz; Prosperidade*
Trevo: *Boa sorte*
Tulipa: *Declaro meu amor por você*
Urze: *Sorte; Proteção*

ENCORAJAMENTO

Açafrão: *Contentamento; Alegria juvenil*
Acônito: *Cavalaria*
Alecrim: *Lembrança; Sabedoria*
Amarílis: *Orgulho*
Amor-perfeito: *Você está nos meus pensamentos*
Azevinho: *Clarividência*
Camomila: *Força em meio à adversidade*
Carvalho: *Coragem*
Cenoura-silvestre: *Santuário*
Clematite: *Criatividade; Inteligência*
Corniso: *Nosso amor vai superar as adversidades*
Edelvais: *Coragem; Ousadia*
Espinheiro-branco: *Esperança*
Estafiságria: *Leveza*
Fura-neve: *Consolo; Esperança*
Heléboro: *Vamos superar o escândalo e a calúnia*
Hortelã: *Conforto*
Íris: *Coragem; Sabedoria; Fé*
Lírio-do-vale: *Retorno da felicidade*
Louro: *Glória; Vitória; Sucesso*
Magnólia: *Dignidade*
Milefólio: *Cura para um coração partido*
Passiflora: *Fé*
Protea: *Transformação*
Trevo: *Boa sorte*
Urze: *Sorte; Proteção*
Visco: *Superação das dificuldades*

FÉ E ESPIRITUALIDADE

Camomila: *Força em meio à adversidade*
Cravo: *Amor maternal eterno; Sofrimento*
Dente-de-leão: *Adivinhação; Leitura da sorte*
Íris: *Coragem; Sabedoria; Fé*
Jacinto-dos-campos: *Humildade; Lealdade*
Passiflora: *Fé*
Prímula: *Ser agraciado*
Samambaia: *Magia; Mistério*
Véu-de-noiva: *Pureza; Inocência*

GRATIDÃO

Begônia: *Retribuição de um favor; Um aviso de alerta*
Carvalho: *Coragem*
Ervilha-de-cheiro: *Gratidão pelo ótimo momento que passamos juntos*
Íris: *Coragem; Sabedoria; Fé*
Lírio: *Pureza*
Madressilva: *Devoção; Afeto*
Trigo: *Riqueza; Abundância*
Violeta: *Modéstia*
Zínia: *Amizade eterna*

LUTO E EMPATIA

Amor-perfeito: *Você está nos meus pensamentos*
Asfódelo: *Meus lamentos vão seguir você até o túmulo*
Azaleia: *Fragilidade; Moderação*
Calêndula: *Luto*
Camomila: *Força em meio à adversidade*
Cicuta: *Morte*
Cipreste: *Morte; Luto*
Cravo: *Amor maternal eterno; Sofrimento*
Espinheiro-branco: *Esperança*
Fura-neve: *Consolo; Esperança*
Hortelã: *Conforto*
Lírio-do-vale: *Retorno da felicidade*
Milefólio: *Cura para um coração partido*
Miosótis: *Não me esqueça*
Palma-de-santa-rita: *Você partiu meu coração*
Papoula: *Sono eterno*
Salgueiro: *Luto*

PAIS E FILHOS

Açafrão: *Contentamento; Alegria juvenil*
Amarílis: *Orgulho*
Áster: *Delicadeza*
Cenoura-silvestre: *Santuário*
Eucalipto: *Proteção*
Jacinto-dos-campos: *Humildade; Lealdade*
Lírio: *Pureza*
Margarida: *Inocência; Infância; Pureza*
Murta: *Amor*
Urze: *Sorte; Proteção*
Véu-de-noiva: *Pureza; Inocência*

PEDIDO DE DESCULPAS E PERDÃO

Aquilégia: *Tolice*
Arruda: *Arrependimento*
Asfódelo: *Meus lamentos vão seguir você até o túmulo*
Boca-de-leão: *Presunção*
Calêndula: *Luto*
Dedaleira: *Charadas; Segredos*
Estafiságria: *Leveza*
Girassol: *Falsas riquezas*
Hera: *Fidelidade; Apego*
Jacinto: *Perdoe-me, por favor*
Jacinto-dos-campos: *Humildade; Lealdade*
Oliveira: *Paz*
Peônia: *Timidez*
Protea: *Transformação*

AGRADECIMENTOS

Muitas pessoas tornaram este livro realidade, oferecendo palavras gentis de encorajamento e me escutando quando eu mais precisei.

Em primeiro lugar, obrigada ao meu marido, Nick, por me ajudar a plantar tudo, desde flores a novas ideias e aventuras selvagens.

Obrigada a Alyssa Jennette, minha agente literária, por me encorajar e lutar por mim, e por sua honestidade e bondade.

Obrigada a toda a equipe da Andrews McMeel, especialmente à minha editora, Melissa Rhodes Zahorsky.

Obrigada a Stacy Fahey, Sarah Parker e Kayla Stark, por trabalharem longas horas comigo, sem reclamar ou questionar. A amizade e o incentivo de vocês significam tudo para mim.

Obrigada a Molly, que garante que eu nunca trabalhe por muito tempo sem fazer uma caminhada.

E por último, mas não menos importante, obrigada a Muriel e Richard, meus queridos pais, que sempre acreditaram em mim. Vocês inspiraram meu fascínio pelas plantas com a jardinagem obrigatória nas tardes de domingo.